体育竞赛表演产业的发展与经营研究

张绍通 著

人民体育出版社

图书在版编目（CIP）数据

体育竞赛表演产业的发展与经营研究 / 张绍通著
. -- 北京：人民体育出版社, 2025
ISBN 978-7-5009-6450-6

Ⅰ. ①体… Ⅱ. ①张… Ⅲ. ①体育表演—体育产业—产业发展—研究—中国 Ⅳ. ①G812

中国国家版本馆CIP数据核字(2024)第079731号

*

人 民 体 育 出 版 社 出 版 发 行
北京明达祥瑞文化传媒有限责任公司印刷
新 华 书 店 经 销

*

710×1000　16开本　10.5印张　197千字
2025年3月第1版　2025年3月第1次印刷

*

ISBN 978-7-5009-6450-6
定价：56.00元

社址：北京市东城区体育馆路8号（天坛公园东门）
电话：67151482（发行部）　　邮编：100061
传真：67151483　　　　　　　邮购：67118491
网址：www.psphpress.com

（购买本社图书，如遇有缺损页可与邮购部联系）

前言

党的十九大报告指出:"中国特色社会主义进入新时代,我国社会主要矛盾已经转化为人民日益增长的美好生活需要和不平衡不充分的发展之间的矛盾。"本书提出的体育竞赛表演产业的经营策略,将有助于体育竞赛表演产业的高质量发展,提供符合我国民众需求的体育赛事产品和服务,填补娱乐休闲空白,让我国人民享受到一种新型、健康、美好的生活方式,让人们近距离观看和全方位参与到体育赛事中,切实感受体育的魅力和精神,丰富人们的娱乐生活和精神生活,让人们的美好生活有一个质的飞跃。

体育竞赛表演产业属于体育产业的核心产业和龙头产业,其发展和兴旺代表着一个国家体育产业的发展水平。体育竞赛表演产业越成熟,体育产业的发展水平就越高,为国民经济所做的贡献就越大。体育竞赛表演产业发展成熟的国家,其发展历经百余年,沉淀和积累了成熟的赛事组织和产业运营的经验。但随着时代的进步、科学技术的快速发展和经济的不断波动,体育竞赛表演业的发展和经营面临着一些困境。我国正处于全面建设社会主义现代化强国的时代,体育强国建设目标的实现迫在眉睫。但体育竞赛表演产业的发展却面临着赛事产品和服务的供给和需求不协调的矛盾,体育竞赛表演产业的经营也面临着困境。因而,本书从体育竞赛表演产业发展历程的角度,提出新时代体育竞赛表演产业的经营策略,以促进我国体育竞赛表演产业的高质量发展。

本书共分为九章。第一章阐述了体育产业的国内外定义，明晰了体育竞赛表演产业的内涵，综述了一些国家体育竞赛表演产业的发展现状。第二章分析了国内外体育竞赛表演产业产生和发展所经历的各个阶段，将国外体育竞赛表演产业的发展历史分为孕育、萌芽、起源、成长、成熟五个阶段，将中国体育竞赛表演产业的发展历程分为认知和孕育、初创、初步发展、快速发展四个阶段，并提出中国体育竞赛表演产业发展的有利条件。第三章阐述了全球体育竞赛表演产业的发展趋势，分析了中国体育竞赛表演产业的发展趋势。第四章在阐述赛事经济作用的基础上，分析了大型赛事和业余赛事的运营困境及策略。第五章分析了体育竞赛表演产业无形资产的运营策略。第六章提出了体育竞赛表演产业的品牌构建和营销策略。第七章分析了彩票业对体育竞赛表演产业发展的促进作用，提出了体育竞赛表演产业与彩票业融合发展的措施。第八章在综述传媒业发展历程的基础上，分析了体育竞赛表演产业与传媒业融合发展的必要性，提出了体育竞赛表演产业与传媒业融合发展的模式。第九章分析了体育竞赛表演产业高质量发展的内涵，提出了促进体育竞赛表演产业高质量发展的创新策略。

由于作者的精力和水平有限，在研究和本书撰写过程中，参阅了相关文献资料，借鉴了文献中的部分观点，在此，谨向这些学者深表谢意。若个人观点存在不妥之处，敬请同行和读者指正。

张绍通

2024年2月

目录

第一章 体育竞赛表演产业概论 ……………………………… （1）

  第一节 体育竞赛表演产业的内涵 ………………………… （1）

    一、体育产业的含义 ……………………………………… （1）

    二、体育产业的分类 ……………………………………… （2）

    三、我国体育产业的统计分类 …………………………… （3）

    四、国际对体育产业的定义 ……………………………… （4）

    五、体育竞赛表演产业的含义 …………………………… （5）

  第二节 体育竞赛表演产业的发展现状 …………………… （6）

    一、美国体育竞赛表演产业 ……………………………… （6）

    二、英国体育竞赛表演产业 ……………………………… （8）

    三、法国体育竞赛表演产业 ……………………………… （10）

    四、中国体育竞赛表演产业 ……………………………… （11）

第二章 体育竞赛表演产业的产生和发展 ……………………… （15）

  第一节 国外体育竞赛表演产业的产生和发展 …………… （15）

    一、体育竞赛表演产业的孕育阶段（公元前8世纪至公元

       13世纪） ……………………………………………… （15）

    二、体育竞赛表演产业的萌芽阶段（16世纪至17世纪）…… （16）

    三、体育竞赛表演产业的起源阶段（18世纪至19世纪）…… （17）

    四、体育竞赛表演产业的成长阶段（19世纪）………… （17）

    五、体育竞赛表演产业的成熟阶段（20世纪至今） ……… （18）

第二节　主要发达国家体育竞赛产业的发展历程……………（19）
  一、英国体育竞赛表演产业的发展历程…………………（19）
  二、美国体育竞赛表演产业的发展历程…………………（23）
  三、日本体育竞赛表演产业的发展历程…………………（26）
  四、国外体育竞赛表演产业发展的两种主要模式………（27）

第三节　中国体育竞赛表演产业的产生和发展……………（29）
  一、中国体育竞赛表演产业的认知和孕育时期（1979—1991年）
  ………………………………………………………………（29）
  二、中国体育竞赛表演产业的初创时期（1992—2001年）
  ………………………………………………………………（29）
  三、中国体育竞赛表演产业的初步发展时期（2002—2009年）
  ………………………………………………………………（30）
  四、中国体育竞赛表演产业的快速发展时期（2010年至今）
  ………………………………………………………………（31）
  五、中国体育竞赛表演产业发展的有利条件……………（32）

第三章　体育竞赛表演产业的发展趋势……………………（34）

第一节　全球体育竞赛表演产业的发展趋势………………（34）
  一、全球体育产业发展趋势………………………………（34）
  二、全球体育竞赛表演产业的发展趋势…………………（35）
  三、美国竞赛表演产业的发展趋势………………………（37）
  四、欧洲体育竞赛表演产业的发展趋势…………………（39）

第二节　中国体育竞赛表演产业的发展趋势………………（39）
  一、中国体育产业发展趋势………………………………（39）
  二、中国职业体育赛事的发展……………………………（41）
  三、马拉松赛事的发展……………………………………（43）
  四、电竞赛事的发展………………………………………（44）

五、体育赛事与互联网的融合……………………………（45）

　　六、体育竞赛表演产业和其他产业的融合发展……………（45）

第四章　体育竞赛表演产业的效益……………………………（47）

　第一节　体育竞赛表演产业的经济效益………………………（47）

　　一、体育赛事的经营收入……………………………………（47）

　　二、体育赛事经营的特征……………………………………（49）

　　三、体育赛事的经济效益……………………………………（51）

　第二节　体育赛事的社会效益…………………………………（55）

　　一、体育赛事对城市建设的优化作用………………………（55）

　　二、体育赛事对城市文化的改善作用………………………（56）

　第三节　大型赛事和业余赛事的运营困境及策略……………（58）

　　一、大型赛事的运营困境及策略……………………………（58）

　　二、业余赛事的运营困境及策略……………………………（61）

第五章　体育竞赛表演产业无形资产的经营…………………（65）

　第一节　体育无形资产的概念与构成…………………………（65）

　　一、无形资产…………………………………………………（65）

　　二、体育无形资产……………………………………………（66）

　　三、体育无形资产的属性……………………………………（68）

　第二节　体育无形资产的经营与管理…………………………（69）

　　一、体育无形资产的经营……………………………………（69）

　　二、体育无形资产的管理……………………………………（72）

　　三、球星作为无形资产的会计处理方式……………………（73）

　第三节　体育无形资产的开发…………………………………（74）

　　一、体育无形资产开发的内涵………………………………（74）

　　二、开发体育无形资产的作用………………………………（75）

　　三、国外体育无形资产开发现状……………………………（76）

第四节 我国体育竞赛表演产业无形资产开发策略……（77）
　　一、我国体育竞赛表演产业无形资产开发中存在的问题……（77）
　　二、我国体育竞赛表演产业无形资产的开发策略……（79）

第六章 体育竞赛表演产业的品牌构建和营销策略……（84）

第一节 体育赛事品牌的构建……（84）
　　一、提高赛事质量……（84）
　　二、实现赛事垄断……（85）
　　三、与教育融合，培养后备力量……（86）
　　四、采用差异化战略……（86）
　　五、培养赛事观众……（87）
　　六、构建赛事文化……（87）

第二节 体育赛事赞助的营销……（88）
　　一、体育赛事赞助的作用……（88）
　　二、体育赛事赞助营销策略……（89）

第三节 体育赛事转播权的营销……（91）
　　一、体育赛事转播权的归属……（91）
　　二、体育赛事转播权与邻接权人的关系……（92）
　　三、体育赛事转播权的营销模式……（92）
　　四、体育赛事转播权营销中权利的分解与重组……（93）

第四节 体育赛事特许经营策略……（96）
　　一、体育赛事特许经营的含义和类型……（96）
　　二、体育赛事特许营销策略……（96）

第七章 体育竞赛表演产业与体育彩票业的融合……（99）

第一节 体育彩票业的含义……（99）
　　一、体育彩票业……（99）

二、体育彩票业的起源和发展…………………………………（100）
　　三、体育彩票的种类和特性…………………………………（102）
第二节　体育彩票对体育竞赛表演产业的作用………………………（105）
　　一、体育彩票的销售额构成…………………………………（105）
　　二、体育彩票的销售额分配原则……………………………（106）
　　三、体育彩票对体育竞赛表演产业的促进作用……………（107）
第三节　体育彩票的管理………………………………………………（109）
　　一、体育彩票销售中存在的问题……………………………（109）
　　二、中国体育彩票管理中存在的问题………………………（110）
　　三、中国体育彩票管理的改进………………………………（111）
第四节　体育竞赛表演产业与体育彩票业融合发展策略……………（112）
　　一、体育彩票的发展趋势……………………………………（112）
　　二、体育彩票业与体育竞赛表演产业融合发展的措施……（114）

第八章　体育竞赛表演产业与传媒业的融合……………………（117）

第一节　传媒业发展的历史……………………………………………（117）
　　一、传媒业的概念……………………………………………（117）
　　二、全球传媒业的发展历史…………………………………（117）
　　三、中国传媒业的发展概况…………………………………（119）
第二节　体育竞赛表演产业与传媒业融合的历史和必要性…………（122）
　　一、媒体与体育赛事融合的历史……………………………（122）
　　二、中国体育传媒发展的历史………………………………（126）
　　三、体育竞赛表演产业与传媒业融合的必要性……………（128）
第三节　体育赛事与媒体融合的模式…………………………………（129）
　　一、体育赛事与媒体融合的基本条件………………………（129）
　　二、体育竞赛表演产业与传媒业融合的方式………………（130）
　　三、体育赛事与传媒业、数字化行业的融合………………（132）

第九章　体育竞赛表演产业高质量发展的创新策略 …………（136）

第一节　体育竞赛表演产业高质量发展的内涵…………………（136）
一、产业高质量发展的内涵………………………………………（136）
二、体育竞赛表演产业高质量发展的内涵………………………（136）
三、体育竞赛表演产业高质量发展的意义………………………（137）

第二节　创新对体育竞赛表演产业高质量发展的驱动作用………（138）
一、创新对体育竞赛表演产业高质量发展的推动………………（138）
二、产品创新扩大了产业规模和市场规模………………………（138）
三、技术创新促进产业价值链升级………………………………（139）
四、商业模式创新提高产业效益…………………………………（140）
五、业态创新促进产业结构优化协调……………………………（141）

第三节　体育竞赛表演产业高质量发展的创新策略………………（142）
一、产品创新策略…………………………………………………（142）
二、技术创新策略…………………………………………………（143）
三、商业模式创新策略……………………………………………（145）
四、业态创新策略…………………………………………………（146）

参考文献 ………………………………………………………………（148）

第一章　体育竞赛表演产业概论

第一节　体育竞赛表演产业的内涵

一、体育产业的含义

在西方产业经济学中，"产业"的概念一般指在国民经济中以社会分工为基础，制造同一类商品的各个生产者的集合[1]。广义的"产业"是指具有某种同类属性的、具有相互作用的经济活动的集合或系统[2]。

美国学者米克[3]（Meek，1997）提出，体育产业就是与体育运动有关的一切生产经营活动，既包括社会提供的体育服务和劳务，又包括向社会提供的体育物质产品。由于体育消费包括体育服务消费和体育用品消费两种，所以体育产业也应该由体育物质产品和服务产品的生产与经营活动构成，因此，与体育运动有关的一切生产经营活动就构成了事实上的体育产业。

周波提出，体育产业是通过为社会生产或提供各类体育产品而获得盈利的各类企业组织的集合[4]。肖兵认为："产业是指生产产品的行业或部门，就此可界定，体育产业是指生产体育产品的行业或部门。"[5]王禄修和罗义文认为："体育产业是国民经济的一部分，用以满足社会对体育的需求而从事体育产品经营活动的部门的集合。"[6]姚建认为，应当从广义和狭义两个方面

---

[1] 干春晖. 产业经济学教程与案例 [M]. 北京：机械工业出版社，2008.

[2] 郑玉歆. 应用产业经济学 [M]. 北京：经济管理出版社，2004.

[3] Meek A. An Estimate of the Size and Supported Economic Activity of the Sport Industry in The United States [J]. Sport Marketing Quarterly，1987，6（4）：15-21.

[4] 周波. 论体育产业核心竞争力 [D]. 长沙：湖南师范大学，2013.

[5] 肖兵. 对我国体育产业的现状与对策的研究 [J]. 北京体育大学学报，1996（S1）：11-15.

[6] 王禄修，罗义文. "体育产业"辨析 [J]. 重庆工商大学学报：自然科学版，2005，22（4）：309-410.

对体育产业进行界定,"广义的体育产业是指与体育相关的一切物质产品和精神产品的总和,以及提供服务的生产经营活动。而狭义的体育产业主要是指第三产业中的体育服务产品的生产和经营活动"。[1] 曹可强则认为:"体育产业是指社会各部门开展的与体育相关的一切生产和经营活动的总和。"[2]

综合国内学者的观点可知,我国的体育产业是为了满足消费者的体育需求而生产或提供体育产品和服务的企业的集合。

二、体育产业的分类

按照不同的划分标准,体育产业可划分为不同的类型。

1. 按照业态来分

按业态来划分的体育产业基本行业部门有健身娱乐业、竞技观赏业、体育用品业、体育传媒业、体育彩票业、体育广告业、体育饮食业等[3]。

2. 根据体育产品的性质来分

根据体育产品的性质和各产业部门在体育产业链上的位置,可将体育产业分为体育服务业和体育配套业。体育服务业包括健身娱乐、竞赛表演、体育中介、体育培训、体育博彩、体育媒体、体育旅游、体育保健康复;体育配套业包括体育服装、体育鞋帽、体育器材、体育饮料、体育建筑等制造业。

3. 根据与体育活动联系的紧密程度来分

根据与体育活动联系的紧密程度可将体育产业分为核心产业、中间产业、外围产业三个部分[4]。核心产业包括体育竞赛表演业、体育健身休闲业;中间产业包括体育中介业、体育培训业、体育彩票业;外围产业包含体育用品业、体育建筑业、体育保险业等。

---

[1] 姚建. 对我国体育产业问题的哲学思考 [J]. 武汉交通科技大学学报, 2000, 13 (4): 72-74.

[2] 曹可强. 体育产业概论 [M]. 上海: 复旦大学出版社, 2005.

[3] Meek A. An Estimate of the Size and Supported Economic Activity of the Sport Industry in The United States [J]. Sport Marketing Quarterly, 1987, 6 (4): 15-21

[4] 杨倩. 我国体育产业结构优化升级研究 [D]. 上海: 上海体育学院, 2011.

4.根据体育行业的职能和作用来分

根据体育产业内部不同行业的职能和作用，可以把体育产业分为两大类，一类是体育的主体产业，另一类是体育的辅助产业[1]。体育主体产业包括体育竞赛表演业和体育健身休闲业；体育辅助产业包括体育中介经纪业、运动训练培训业、体育媒介传播业、体育信息咨询业。

三、我国体育产业的统计分类

2008年，为规范体育及相关产业的统计口径和范围，国家统计局和国家体育总局制定了《体育及相关产业分类（试行）》。该分类将体育产业范围划分为：体育组织管理活动，体育场馆管理活动，体育健身休闲活动，体育中介活动，其他体育活动，体育用品、服装、鞋帽及相关体育产品的制造，体育用品、服装、鞋帽及相关体育产品的销售，体育场馆建筑活动。

随着时代的发展，体育产业类别增多，为了科学界定体育产业的统计范围，建立体育产业统计调查制度，依据《中华人民共和国统计法》和《国务院关于加快发展体育产业 促进体育消费的若干意见》（国发〔2014〕46号，以下简称《意见》），以《国民经济行业分类》（GB/T 4754—2011）为基础，2015年8月，国家统计局制定了体育产业新的统计分类。2015版的统计分类将体育产业范围确定为：体育管理活动，体育竞赛表演活动，体育健身休闲活动，体育场馆服务，体育中介服务，体育培训与教育，体育传媒与信息服务，其他与体育相关服务，体育用品及相关产品制造，体育用品及相关产品销售、贸易代理与出租，体育场地设施建设11大类。

2015年后，中国体育产业进入智能化发展时代，涌现出新的体育产业形态，2015年的分类标准无法适应国民经济统计的需要，因而，国家统计局又出台了2019版的体育产业统计分类标准。《体育产业统计分类（2019）》（以下简称2019版分类）中大类有11个、中类有37个、小类有71个。2019版分类涉及多个中类和小类拆分合并，与2015版分类相比，内容有所调整，大类和中类数量不变，小类增加19个。

2019版分类共有5个大类名称调整，将原分类的"体育场馆服务""体育中介服务""体育培训与教育""其他与体育相关服务""体育用品及相关产

---

[1] 周兰君，刘燕舞.论我国体育产业的重新分类[J].体育与科学，2006，27（6）：11-13.

品销售、贸易代理与出租"等变更为"体育场地和设施管理""体育经纪与代理、广告与会展、表演与设计服务""体育教育与培训""其他体育服务""体育用品及相关产品销售、出租与贸易代理"。"体育竞赛表演活动"的分类基本保持不变（表1-1）。

表1-1 2019版体育产业统计分类表（部分）

代码			类别名称	说 明	国民经济行业分类代码及名称（2017）
大类	中类	小类			
02	021	0210	体育竞赛表演活动 职业体育竞赛表演活动	指商业化、市场化的职业体育赛事活动的组织、宣传、训练，以及职业俱乐部和运动员的展示、交流等活动。主要包括足球、篮球、排球、棒球、乒乓球、羽毛球、拳击、马拉松、围棋、电子竞技等运动项目	8911* 体育竞赛组织
	022	0220	非职业体育竞赛表演活动	指非职业化的专业或业余运动项目比赛、训练、辅导、管理、宣传、运动队服务、运动员交流等活动，以及赛事承办者和相应推广机构等组织的活动	8911* 体育竞赛组织

四、国际对体育产业的定义

在联合国经济和社会事务部统计司制定的《所有经济活动的国际标准行业分类》（以下简称《国际标准》）中，将所有国民经济活动分为几个大类。体育被归类为"艺术、娱乐和文娱活动"类别中的一个子类别，其行业活动包括：体育设施管理；运动队或俱乐部参加向观众收费的现场体育赛事，个体运动员参加现场体育表演或比赛供付费观众观看；主办方鼓励赛马、赛狗等比赛和其他体育活动以供观赏；体育教练提供具体指导以支持体育赛事或比赛的参与者；比赛场地和场地的运营；体育赛事和不属于其他类别的活动的组织、推广和管理。由此给出了体育产业和其他产业之间的明确界限。

同时，在《国际标准》中，生产与提供体育场馆、运动器材、运动服装等物质产品的行业部门也能找到明确的产业归属。"体育设施等建筑工程的建造"属于建筑业大类，生产运动服装、运动鞋、运动器械等体育相关物质产品的行业部门属于制造业大类。此外,《国际标准》对生产与提供各种体育相关服务或劳务产品的行业部门也进行了详尽的说明,如提供体育经纪等中介服务属于专业、技术活动,提供体育广告策划、创意、制作等服务属于广告业,提供各种体育指导与培训服务属于其他教育类,提供体育旅游服务属于旅游经营活动,提供各种体育预订服务属于预订活动类,而提供运动场馆、器材租赁服务则属于出租和租赁活动等。按照《国际标准》,体育经纪、体育广告策划与创意、体育指导培训、体育旅游、体育预订甚至包括运动场馆与器材租赁等服务或劳务的生产与提供均有产业归属,不应属于体育产业。

五、体育竞赛表演产业的含义

按照《国际标准》,体育产业的主体内容和核心内容就是体育竞赛表演产业。体育竞赛表演产业是提供体育赛事和体育表演等服务的经营性组织的总和,行业经营内容包括提供体育赛事供观众付费观赏(赛车、赛狗、赛马和其他供观赏的体育活动),运动教练员在体育活动或竞赛中的指导业务,以及体育赛事的组织、宣传和管理等其他未另分类的活动。

经过市场化运作的体育竞赛表演及其衍生品的企业或组织构成了体育竞赛表演产业[1]。体育竞赛表演产业不仅能够深刻影响举办国家、城市的经济和产业发展,而且能优化体育人才、技术和资本等资源的分配,还能够加速城市建设,重塑城市形象,产生强大的社会效应。

在商业化的运作之后,体育竞赛会衍生出各种各样的产品与文化。这不仅能让体育赛事观众通过观看或参与赛事了解国家文化、民族文化、体育组织文化及与赛事相关的娱乐文化,而且有趣的球迷文化也给体育竞赛表演产业添加不少乐趣。最主要的是能将主办赛事的国家和地区的经济带向更高点,促使与之合作的各个产业都能进入大众视线。

在国外体育产业结构中,体育竞赛表演产业占据主要地位,其运用有效的方法,将体育演出、体育文化、体育娱乐、体育企业和个体的社交等经济产业融合,给消费者带来更高的物质生活和精神生活。体育赛事产业链包括体育赛事准备、体育赛事组织、体育赛事宣传、赛事无形资产营销、门票销售、球迷服务、配套设施建设等产业。体育产业链跨越生产和消费,与不同行业的关联效应明显。

---

[1] 党挺.国外体育竞赛表演市场发展分析及启示[J].体育文化导刊,2017,180(6):139-143.

体育赛事产业以提供竞技体育产品为核心，围绕核心产业开展经济和服务活动。社交平台与媒体的曝光是体育产业的外围。同时，赛事水平提高有助于制造业的繁荣、工业水平的提高。体育设施建设、体育产品和服务销售等伴生的体育产业有助于增加相关产业的经济价值。

发达国家的体育竞赛表演产业的产值在所有产业中位列前茅，已经成为国内经济增长的新核心，成为许多国家不可缺少的新兴产业。发达国家的体育竞技赛事表演体系发展迅速，开发运维成熟。体育竞赛表演产业已经影响了许多国家的经济结构，带动了与之相关的工业和产业；改善了体育人口稀缺的状况，提高了体育服务质量和体育趣味性。体育竞赛表演产业成为许多国家拉动经济增长、促进国民消费、扩大就业的重要途径。

第二节　体育竞赛表演产业的发展现状

一、美国体育竞赛表演产业

美国是世界上体育竞赛表演产业发展最好、产值最高的国家。体育竞赛表演产业是美国体育产业的核心，拥有美国国家橄榄球联盟（NFL）、美国职业棒球联盟（MLB）、美国职业篮球联赛（NBA）、国家冰球联盟（NHL）等联盟举办的职业赛事，以及美国全国大学体育协会（NCAA）所举办的赛事和其他国际性赛事，这些赛事不论是知名度还是收入都在全世界处于领先地位。

美国四大体育联赛鼓励个性化表演，以职业选手的性格、技术、庆祝动作和昵称，带动观众的情绪和吸引大众的眼球，提高了比赛的观赏性；通过比赛规则和系统增强了比赛的戏剧性，并根据观众对球队的认同感进行表演。加时或加冕赛事的体育剧，以及由职业队所培养的艺术乐队、啦啦队表演和赛后举行的晚会，为广大球迷增添了不少高品质的物质生活，同时也吸引着新一批的球迷。

1. 美国国家橄榄球联盟（NFL）

美国国家橄榄球联盟职业联赛是拥有顶级球员、薪水、球迷的美式足球体育联盟。一年一度的超级碗是美国最受瞩目的体育竞赛。大约33%的美国人观看超级碗。该联盟于1920年成立，并于1922年更名为美国国家橄榄球联盟（NFL），拥有32支来自不同州和地区的队伍。32支球队分为两个代表会，两个代表会分别有东部、南部、西部、北部四个分部赛区,每个赛区有四支球队。整个赛程顺序为季前赛、常规赛和季后赛,仅有六支球队有资格冲击总冠军。超级碗过后,两个代表会将根据球迷选票及职业球员个人技术选出球员参加全明星赛。

2. 美国职业棒球大联盟(MLB)

美国职业棒球大联盟作为北美最具实力和代表性的职业棒球联盟,也被称为全球收视率最高的棒球赛事。在美国,观看美国职业棒球大联盟比赛的人数为14%。美国职业棒球大联盟在1903年由国家联盟和美国联盟共同成立,两个联盟的规则有细小差别,其中国家联盟最早于1871年成立。美国职业棒球大联盟有30支球队,其中16支在国家联盟,14支在美国联盟。每年,来自不同赛区的冠军球队都会齐聚争夺总冠军。美国职业棒球大联盟的收入在美国四大职业联赛中排名第二。

3. 美国职业篮球联赛(NBA)

美国职业篮球联赛是世界上顶级的篮球赛事,在美国观看美国职业篮球联赛的人数占9%。美国职业篮球联赛在中国广为人知,中国观众占美国职业篮球联赛海外观众的一半以上。美国职业篮球联赛的前身是美国篮球协会(BAA),成立于1946年,成立之初只有11支球队。成立美国篮球协会的原因是避免冰球赛事停办期间场馆闲置,因而举行了篮球比赛。现在的美国职业篮球联赛由美国本土的29支队伍和1支加拿大球队组成。美国职业篮球联赛分为东西部赛区,各有15支球队,并且每个赛季只有16支球队可以进入季后赛。

4. 国家冰球联盟(NHL)

国家冰球联盟是北美最盛大的职业冰球赛事,并且是世界上最顶级的职业冰球赛事。1917年,国家冰球联盟在加拿大创立,至今已有100多年的历史,成立之初只有5支球队。现在,国家冰球联盟有31支球队,却由两个国家组成,美国24支,加拿大7支,球队共分成东部联盟和西部联盟,两个联盟又有三个分区,每个分区的前三名进入季后赛,争夺斯坦利杯。由于地理和气候原因,国家冰球联盟球员中的一半都是加拿大人。

5. 美国四大联盟的收入

美国四大联盟的收入堪比足球世界杯的收入,表1-2显示了美国四大体育联盟从2011—2018年收入。由每年的收入可以看出,四大体育联盟的收入逐年增长,2018年的四大联盟的总收入约是2011年总收入的1.7倍,增长速度非常快,这说明美国的体育竞赛表演业依然保持着上升发展趋势。

表1-2 美国四大体育联盟的收入　　　　　　　　　单位:亿美元

年份	NFL	MLB	NBA	NHL	总计
2018	150	99	80.07	48.6	377.67
2017	136.8	94.6	73.7	44.3	349.4
2016	131.6	90.3	58.7	41	321.6
2015	121.6	83.9	51.8	39.8	297.1
2014	110.9	78.6	47.9	37	274.4
2013	95.8	71	45.6	26.3	238.7
2012	91.7	68.1	36.8	33.7	230.3
2011	88.2	63.6	39.6	30.9	222.3

6. 体育竞赛表演产业的衍生产业

体育竞赛表演产业的发展可以催生体育传媒产业、体育经纪产业、体育彩票产业等体育相关产业。

美国体育媒体产业蓬勃发展,ESPN(Entertainment and Sports Programming Network,美国娱乐与体育电视网)、NBC(National Broadcasting Company,美国全国广播公司)、FOX(FOX News Channel,福克斯新闻台)、ABC(American Broadcasting Corporation,美国ABC广播电台)、CBS(Columbia Broadcasting System,哥伦比亚广播公司)等知名体育媒体相继出现。ESPN成立于1979年,2017年其品牌价值为158亿美元。截至2018年9月,美国约有8600万电视家庭(占付费电视家庭的93.2%)使用ESPN,产生约100亿美元的收入。另外,ESPN全球员工人数已达8000人。

目前,美国体育经纪行业的发展已经处于成熟阶段。美国有着全球顶级的体育管理公司和体育经纪公司。公司规模总数已经超过700家,就业人数超过20000人。其中最著名的体育经纪公司有CAA(美国创新艺人公司)、WME(WME娱乐经济公司)、IMG(国家管理集团)和ISE(独立体育娱乐)。

二、英国体育竞赛表演产业

体育运动在英国有着悠久的历史,许多现代竞技项目都源自英国。从19世纪末开始,英国举办了许多大型赛事和国际性赛事,为现代体育运动及奥林匹克的发展做出了很大贡献。2021年3月,英国政府准备出资280万镑与爱尔兰联合申办2030年世界杯,计划在未来10年举办97项国际体育赛事。除了举办国际性大型赛事外,英国本土还有许多传统的赛事,包括英格兰足球超级联赛、伯明顿马术赛、斯诺克职业锦标赛等著名赛事。

1. 英格兰足球超级联赛

作为现代足球的先驱,英国足球有着悠久的历史。足球是英国人的生命,也是英国人的文化。英格兰足球超级联赛(以下简称英超联赛)实力水准一直和世界杯不相上下,被誉为"小世界杯"。英超联赛不仅不断为联赛和各大球队创造众多球星,更在全球培养了众多球迷。欧洲五大联赛在 2019—2020 赛季创造了历史收入新高——151亿欧元。其中,英超收入最高,达51.34亿欧元,其次是德甲(32.08亿)、西甲(31.17亿)、意甲(20.52亿)和法甲(15.98亿)。

2. 伯明顿马术赛

伯明顿马术赛是指每年在英国伯明顿庄园盛大举办的国际马术赛事。自1949 年以来,该赛事已经经历了74年。伯明顿马术赛以其复杂而辉煌的历史而著称,这不仅使它成为国际马术铁人三项中的第一个四星级赛事,也使它成为世界体育史上最伟大的赛事之一。伯明顿马术赛既是一项体育赛事,又是一项社交盛事。每年在连续四天的比赛中,有20万至25万名观众参与。

英国是马术实力最强的国家。有120万马术家庭和12000名注册骑手。伦敦奥运会马术比赛的观众非常多,200万人在线注册购买马术铁人三项的门票,每人限购6张,此外,还有50万人需要购买赛马比赛门票。

3. 斯诺克职业锦标赛

每年4月的英国斯诺克锦标赛是历史最悠久的职业斯诺克赛事之一。斯诺克的黄金时代伴随着 1985 年斯诺克世界杯决赛而来,该赛事的观众仅次于足球赛事的观众,成为拥有第二大电视观众的体育项目。到目前为止,大多数顶级的斯诺克选手都是英国人。

4. 英格兰橄榄球比赛

英格兰和苏格兰都有自己的橄榄球联赛,分别叫英格兰橄榄球超级联赛和苏格兰凯尔特联盟。英格兰橄榄球超级联赛（The English Premiership）始于1987年，现有12支球队。赛季自每年的9月开始至次年5月结束，每队与其他11支球队各有一场主客场的比赛，共计22轮常规赛，于每个周五至周日进行。常规赛的前4名进入季后赛，第一名与第四名、第二名与第三名分别成对争夺决赛权。半决赛的胜出者将会在伦敦的特威克纳姆球场争夺冠军。比赛竞争很激烈，门票一扫而空。

5. 一级方程式赛车（F1）

F1英国站，全称为世界一级方程式锦标赛英国分站，是所有F1世界锦标赛赛事中历史悠久的一个分站，在英国银石赛道举行。英国银石赛道的前身是第二次世界大战时期的一座军用机场，现在是全世界举办汽车赛事最频繁的赛道之一，更是英国赛车工业和产业的起源。F1英国站从1948年开始，至今已有75年的历史。2018年7月，在英国举办的F1比赛，观众达到34万人次，是世界21场分站赛中观众人数最多的比赛。

6. 温布尔登网球锦标赛

每年的6月到7月都是英国气候最好的时候，这里的温度恰到好处，是举办体育赛事的最佳时期，体育迷们期待着各种比赛。温布尔登网球锦标赛是世界上举办时间最长、最负盛名的网球锦标赛，它由全英俱乐部和英国草地网球协会于1877年创立，至今将近150年的历史。温布尔登网球锦标赛的球衣永远是白色的，不做任何广告，现在的比赛和百年前的比赛没有太大区别。举行比赛的中央球场能容纳将近2万名观众。

7. 英国高尔夫公开锦标赛

英国高尔夫公开锦标赛始于1860年，是四大高尔夫赛事中历史最悠久的赛事。它于每年7月的第三个周末在英国皇家圣安德鲁斯经典高尔夫俱乐部举行。每天约有3万名现场观众聚集在英国公开赛。2019年，英国高尔夫公开赛的总奖金数额达到1075万美元，冠军球手将独得193.5万美元奖金。

三、法国体育竞赛表演产业

环法自行车赛事是全世界公认的最知名的自行车赛事之一，距今约100多年。每年有超过1000万观众观看此赛事。历史学教授克里斯托弗·汤普森在他的书中提到："环法自行车赛产生了强大的英雄人物，他们可以克服可怕的苦难……环法自行车赛，它就是一个绝无仅有的奇迹，使人难以抗衡。"

据英国广播公司计算，2012年有超过300家公司赞助环法自行车赛事的场地、住宿等，总金额达到21亿美元。也就是说，参赛队员在一条"黄金赛道"上进行竞技较量。环法自行车产业总值一直持续上升，全球经济危机也没能影响其盈利。以2010年为例，环法自行车赛事收入高达1.47亿欧元，其中一般收入来自电视转播，其余来自企业和个体的赞助。据报道，仅法国电视公司当年就为环法自行车赛赞助了2300万欧元。虽然环法自行车比赛的举办成本非常高，但每年仍有300多个城市提交举办申请。

此外，尽管法国足球甲级联赛的实力不如其他国家的足球赛事，但整体盈利效果和影响力仍占据重要地位。还有法国网球公开赛，通常在每年的5月至6月进行，是唯一一个在红土球场上举行的网球大满贯比赛。2019年的法国网球公开赛的总奖金达到4266.1万欧元，最终的男女单冠军获得230万欧元奖金。

四、中国体育竞赛表演产业

1. 体育竞赛表演产业占比较少

2020年1月20日，国家统计局和国家体育总局发布了2018年中国体育产业数据。据测算，2018年，全国体育产业总规模（总产值）26579亿元，增加值10078亿元，体育产业增加值占国家GDP的比重为1.1%。从表1-3看，2018年体育服务业总产值12732亿元，而体育竞赛表演活动总量仅为292亿元，占体育产业总产出的比例为1.1%。因此，中国体育竞赛表演产业仍需大力发展。

表1-3　2018年中国体育产业统计数据

分　类	总产出		增加值	
	总量（亿元）	占比（%）	总量（亿元）	占比（%）
体育服务业	12732	47.9	6530	64.8
体育管理活动	747	2.8	390	3.9
体育竞赛表演活动	292	1.1	103	1.0
体育健身休闲活动	1028	3.9	477	4.7

(续表)

分　类	总产出		增加值	
	总量（亿元）	占比（%）	总量（亿元）	占比（%）
体育场地和设施管理	2632	9.9	855	8.5
体育经纪与代理、广告会展、表演设计	317	1.2	106	1.1
体育教育与培训	1722	6.5	1425	14.1
体育传媒与信息服务	500	1.9	230	2.3
体育用品及相关产品销售、出租、贸易代理	4116	15.5	2327	23.1
其他体育服务	1377	5.2	616	6.1
体育用品及相关产品制造	13201	49.7	3399	33.7
体育场地建设	646	2.4	150	1.5
总计	26579	100	10078	100

2012年，全球体育产业总产值占世界GDP的2%，韩国、法国、美国、日本等体育产业发达国家的体育产业总产值占各国国民生产总值的2%以上。在我国，与其他产业相比，体育产业总值占GDP的总值非常低，体育产业对经济发展的贡献度远低于发达国家。中国体育竞赛表演业占比较少、发展缓慢的主要原因是体育消费大多集中在实物型消费，观赏型和参与型体育消费比较薄弱。

2. 体育竞赛表演产业投资较多

体育产业的投资结构是指全社会体育产业总投资在各行业的比重，由体育产业的存量投资结构和增量投资结构组成[1]。存量投资结构是各部门历年投资积累所形成的资产比例关系，而增量投资结构是各部门在一定时间内新增投资的比例关系。

根据品途集团的统计数据，2016年，中国体育行业投资事件有359起；2017年，投资事件247起；2018年，投资事件93起。所以，近几年来中国体育产业的投资事件虽然逐年减少，但是投资金额有所增加。2018年，大众健身

---

[1] 李荣阳.体育产业概论[M].北京：北京体育大学出版社，2005.

融资9.27亿元人民币，占体育产业融资额的10.59%；赛事运营融资13亿元，占比14.85%；体育培训融资1.31亿元，占比1.5%；体育用品融资8.53亿元，占比9.75%；体育媒体融资6.52亿元，占比7.45%。从2018年各体育行业的融资金额来看，赛事运营的投资金额最多，这意味着体育服务业的投资额较高，体育产业投资增量结构趋向合理化。

然而，体育产业现有的赛事融资和投资还不能很好地适应体育竞赛表演产业的发展需求，体育产业管理的相关政府部门应采取激励和导向性措施，以持续增加体育竞赛表演产业的投资额，满足体育竞赛表演产业的资金需求，促进体育竞赛表演产业的快速发展。

3. 体育赛事消费发展向好

2018年，国家发展改革委首次组织编写了《2017年中国居民消费发展报告》。在报告中对于中国居民体育消费情况进行了分析。其中，中国居民的体育赛事消费现状有两个主要表现。

（1）足球、篮球、排球项目的赛事消费稳步发展

在足球方面，2017年各级足球协会全年开展赛事约30万场（不含校园足球赛事），中国足球协会主办的各类赛事近15000场，各地方足球协会举办的赛事超过28万场。职业赛事、杯赛等相关赛事现场观众人数超过950万人次，电视观众6.83亿人次。2017赛季，足球产业上游赛事市场收入规模超过100亿元人民币，中游传媒、场馆收入规模超过60亿元人民币，下游培训、用品市场收入规模超过200亿元人民币。

在篮球方面，中国篮球协会广泛开展全社会、全民参与的三人篮球比赛和各种活动。中国篮球协会主办的中国"三对三"联赛、"我要上奥运"全国三人篮球擂台赛和肯德基三人篮球赛，覆盖全国30个省、自治区、直辖市，共计参赛球队92000支，参赛人数超过50万人。

在排球方面，2017年，由中国排球协会开发的社会赞助总额近1亿元，全年举办的比赛超过2100场，观众人数超过150万人次，其中中国排球超级联赛超过300场，共有男女28个俱乐部参赛，遍布全国20多个城市。国际A类排球赛事近100场，大众排球超过66万场，沙滩排球500场。

（2）马拉松赛事消费能力日益凸显

中国田径协会统计数据显示，2017年全国共举办规模赛事（路跑赛事人数

在800人以上，越野跑赛事人数在300人以上）1102场，涉及234个城市（覆盖全国70.06%的地级市），参赛规模498万人次，赛事规模7年增长50倍；中国田径协会认证的A类赛事223场，B类赛事33场。

以北京马拉松为例，调查数据显示，2017年，北京马拉松外地参赛选手人均支出为3690元，略高于2016年的3665元。2017年，在北京等国内大型城市马拉松旅行参赛者的人均马拉松旅游消费在3000~4000元。

中国田径协会在2020年4月发布了《2019中国马拉松大数据分析报告》。报告显示，2019年中国境内（不含香港、澳门、台湾地区）举办了1828场比赛，平均每天举办马拉松赛事超过5场，较2018年增加247场，较2018年同比增长15.62%。累计参赛人次为712.56万，较2018年的583万增加129.56万，同比增长22.22%。

第二章 体育竞赛表演产业的产生和发展

第一节 国外体育竞赛表演产业的产生和发展

体育竞赛表演产业的产生是体育商业化的结果。在现代社会,由于工业革命带来的经济大发展,城市化、交通技术的发展使得人们的生活更加便利,借助媒体的催化,体育赛事走向商业化,体育竞赛表演业随之诞生。体育产业发展史的核心就是体育竞赛表演业的发展史。借鉴李军岩和程文广[1]对欧美职业商业化的历史分期,本书将体育竞赛表演产业的历史分为孕育阶段、萌芽阶段、起源阶段、成长阶段、成熟阶段。

一、体育竞赛表演产业的孕育阶段(公元前8世纪至公元13世纪)

体育竞赛表演产业孕育阶段起始于古希腊和古罗马时期的竞技体育赛事。公元前5世纪的希腊,联邦制度的体现尤为明显,但联邦城市的希腊人所信奉的神明、宗教、语言文化大同小异。最早的体育竞赛只是为了强身健体,愉悦身心,丰富人们的枯燥生活。通过史料的记载和国内外专家的分析可以发现,体育诞生在希腊不仅仅是偶然。奴隶阶级的古希腊人认为只有付出和劳动才能换取想要的生活。

到了公元前8世纪,古希腊人为了使国家文化统一和繁荣昌盛,将普通的体育赛事活动演变成奥林匹克体育节。它不仅吸收了其他文明,而且在此基础上改变创新,使距离较远的联邦城市也参与其中,并以此为荣。结合当时的社

---

[1] 李军岩,程文广.欧美职业体育商业化的历史演进及启示[J].体育文化导刊,2017(9):171-175.

会状况和经济条件，古代奥林匹克体育节的精髓在于：平等、民主、法制、平权。这一精髓为解放古希腊奴隶思想提供了精神保障，也为后世人民参考研究古希腊文化提供了根源保障。

无论是公元前5世纪还是公元前8世纪，古希腊人对体育赛事的奖励制度都有一个标准的判断。在体育赛事的前期，联邦针对冠军、亚军、季军给出的奖励是橄榄油。一瓶橄榄油的价值相当于当时一个工作日的薪水，在这一金钱的刺激下，奴隶阶级踊跃参与其中并且成为职业运动员，代表所在的联邦参加体育比赛。另外，为了展示实力，许多奴隶主雇佣奴隶进行运动训练以参加体育赛事，体育赛事商业化由此产生，并且孕育了早期的体育竞赛表演产业。

经过长时间体育赛事商业化的浸染，体育赛事成为奴隶主阶级和上层社会赌博、敛财以满足自己利益的方式。后来，运动员不满雇主的压迫和剥削，进行了反抗。到了罗马帝国时期，联邦制定了相应的法律，禁止雇佣运动员以谋取利益。虽然此现象得到了抑制，但体育商业化从未停止。

到了古罗马中世纪以后，运动员和雇主为了能持续在赛场夺取优异运动成绩，走进了专项运动的培训学校，这既满足了当时运动员运动技术培训的需要，又满足了罗马贵族的观赏需求。

二、体育竞赛表演产业的萌芽阶段（16世纪至17世纪）

几个世纪以来，虽然古西欧的体育产业发生了明显转变，但由于贵族霸权，平民仍然在体育商业圈的外围，始终没有取得跨越性的突破，中世纪的体育竞赛发展缓慢。文艺复兴和宗教改革运动从根本意义上解放了平民天性，使得体育竞赛表演产业真正转变为私有制产业。

美国专家马斯特拉莱西斯在著作《体育管理理论与实践》中提出：现代体育和体育产业的发源地是英国。16世纪以来，随着英国殖民地的扩张和工业革命的深化，生产率逐渐提高，城市平民也逐步有了更多的休闲时间，这为体育产业的萌芽提供了有利条件。

体育产业的萌芽表现在两个方面："绅士体育"和"乡村体育"都开始商业化[1]。平民为了获得奖金和薪酬而参加体育训练和体育比赛，绅士为了谋利和娱乐而组织体育赛事，社会上出现了职业运动员、职业体育经理人、体育

---

[1] 李军岩，程文广.欧美职业体育商业化的历史演进及启示[J].体育文化导刊，2017（9）：171-175.

观众和体育迷，这些人之间的服务交易形成一套具有体育赛事特色的盈利性商业模式。在英国，体育俱乐部是具有代表性的职业体育组织。

三、体育竞赛表演产业的起源阶段（18世纪至19世纪）

18世纪，英国通过工业革命迅速从农业国转变为工业国，成为欧洲工业和贸易最发达的国家。人民物质生活水平显著提高，城市人口急剧增加，城市铁路遍布全国。在高速发展的经济状态下，人们的娱乐生活发生了巨大改变。随着消费能力的提升，人们对健康、休闲娱乐的需求不断增加，拉动了体育服务的增长。为了持续给社会提供高素质的工人，提高社会的稳定性，政府也开始引导工人参与体育运动。这些都为体育竞赛表演产业的发展提供了有利的商业环境、社会环境、政策环境。

1750年，一群贵族创办了著名的"赛马会"，为体育俱乐部创造了现代法人治理结构和配套的规章制度与运作机制。赛马会的商业模式很快被板球、拳击等英国体育项目效仿，并在欧洲许多国家流行开来。

19世纪，职业体育开始逐渐演变成有规模、有组织的商业模式。为了增加收入，职业体育赛事的组织者一直在积极提高比赛的刺激性，以吸引更多的观众观看比赛。其中，拳击赛事通过提高比赛的刺激性吸引观众观看，从而让观众产生体育消费，并以此为收入维持赛事运营，这种商业化模式优于贵族赞助赛事的模式，具有盈利性，更能刺激体育竞赛表演产业的发展。成立于1857年的英国谢菲尔德足球俱乐部采用了商业化模式，有组织地销售门票，并从商业运营中受益。英国的体育俱乐部商业模式成熟起来，体育竞赛表演产业也成长和发展起来。

四、体育竞赛表演产业的成长阶段（19世纪）

随着英国在北美的移民的增多及对美国的殖民化，英国本土的体育运动项目被引入美国。18世纪，一些民俗赛事（如赛狗、赛马、越野赛等）开始在美国中部沿海城市发展起来。起初，这些体育赛事只是满足了人们闲暇时的娱乐需求，但到了后期，商业运营逐渐渗透其中，俱乐部商业模式被引入美国。但是，由于美国社会缺乏贵族传统，体育俱乐部很难从贵族那里获得慷慨的赞助，"赛马俱乐部"模式难以维持。为了保持俱乐部的运营和盈利，必须找到一种新的商业模式。

1828年，纽约市赛马俱乐部的成员考德·科尔顿提出以向观众出售门票的方法来解决俱乐部的财政问题。1829年，俱乐部采取商业措施经营赛马场，并改变了赛马制度以吸引最好的马匹参加比赛。目标是让更多观众观看比赛并向观众收取入场费，以获得商业利润。

1871年，几支职业棒球队联合组建了国家棒球协会。所有给顶级运动员发放薪水的棒球俱乐部都可以加入该协会。1876年，被誉为"棒球之王"的威廉·赫尔伯特接任棒球协会主席，将商业运作的理念融入棒球比赛的组织中。上任后不久，他将"全国棒球协会"更名为"全国棒球联盟"，制定了各种规则，开拓了棒球联盟市场。他让所有职业俱乐部分担财务风险并最大限度地提高整体收益。职业棒球联盟的成功迅速将这一体系推向了篮球、美式足球和曲棍球领域，形成了美国独有的职业体育联盟商业模式。

英国的职业体育俱乐部模式和美国的职业体育联盟商业模式逐步完善，促使体育竞赛表演产业得以成长并成为一个有利可图的产业。

五、体育竞赛表演产业的成熟阶段（20世纪至今）

20世纪，英国体育竞赛表演产业发展迅速。1900年，一些主办城市的板球比赛观赏人次达到2万，收入资金不容小觑。体育竞赛表演产业的收入越来越高，吸引了一大批富豪进入这个行业，并通过商业运营获得了丰厚的经济收益。

英国职业体育俱乐部式商业运营体系已经发展成熟，最具有代表性的就是英超联赛的商业活动。成立于1992年的英超逐渐成长为全球盈利最多的职业足球赛事。英超联赛建立了规范的商业运营机制，采用现代公司治理模式，专注于整体媒体开发和版权管理、赞助营销、运动员经纪、票务和特许经营产品。

同时，美国体育竞赛表演产业也逐步形成自己特有的、成熟的职业体育联盟运营体系，制定了完善的制度，以保证联盟内部的成员俱乐部公平竞争，联盟统一开展门票销售、广告、电视转播权销售、特许经营、获取赞助等商业活动，为联盟争取高额利润。

体育竞赛表演产业经过了几个世纪的发展，形成了独具地域特色和文化的体育俱乐部制度和体育联盟制度，并在全球范围内发展成为价值数千亿美元的巨大产业，衍生出体育设施、体育媒介、体育服务、体育博彩、体育食品等日渐成熟的配套产业。

因此，从地域上来说，现代体育竞技产业始于英国，并在欧洲大陆和北美扩展。从本质上来说，工业革命带来了经济发展，使发达国家的人民生活水平得到了极大提高，产生了多元化的体育消费需求，从而形成了体育竞赛表演产业市场。

第二节 主要发达国家体育竞赛产业的发展历程

一、英国体育竞赛表演产业的发展历程

英国是现代体育和体育产业的摇篮。英国人不仅为体育产业创造了商业内容，还创造了俱乐部管理制度，制定了现代体育比赛规则和制度，为现代体育产业的发展做出了贡献。英国的体育产业目前非常发达，有许多著名的赛事，如一级方程式赛车、温布尔登网球赛、高尔夫和英超联赛。

（一）19世纪

工业革命早期，工人的大部分时间被工厂劳动占用，没有时间参与体育运动，而且各地的足球运动规则也有很大差别，这些因素都阻碍了体育运动的发展。

19世纪中叶，英国的公立学校开始采用足球运动管理和教育男孩，以树立他们的个性，把他们塑造成领导者或者对社会有用的成员。基督教认为男人应该具备阳刚之气，应该是侠义人物，应该保护弱者，只有强壮有力的人才能够领导大英帝国。这种理念在英国公立学校中广泛流传，从而产生了一种运动崇拜。

同时，这种理念也被扩展到大学中，特别是剑桥大学。剑桥大学制定了许多通用规则，便于来自不同公立学校的男孩能够一起比赛和玩耍。因而，规则的编纂和理事机构也随之建立起来。最著名的事件是，1863年，包括公立学校男生在内的伦敦主要足球俱乐部的代表在伦敦开会，制定了足球通用规则，成立了足球协会来管理比赛。有了规则和管理机构，公立学校的男生带着他们的体育项目走向了世界。这不仅促进了体育运动在英国之外的传播，还将现代体育带到大众之中。公立学校的精英们重视体育运动的原因部分是为了改善大众的健康和道德，更重要的是为了避免民族衰落。

足球和橄榄球等体育项目只需要有限的时间和空间，非常适合城市、工业

社区的人们参与，所以在19世纪后期，这些运动迅速普及到英国的工人阶级。这种发展使英国的体育文化明显趋于同质化，但各地也有明显的差异。例如，英格兰北部和苏格兰高原的足球技术具有明显差异。这样的传统体育项目促进了工业前运动与工业时代运动之间的连续性。

但即使是传统体育项目，也必须建构现代组织和一套规则才能生存。现代英国体育并非完全扎根于公立学校及其影响范围，例如，谢菲尔德足球俱乐部独立地制定了足球规则。甚至在南部的中产阶级中，也流行着其他的体育运动，例如网球。高尔夫运动的规则可以追溯到18世纪的苏格兰，但是直到19世纪后期，它才在英国中产阶级中广泛开展。板球的规则是在18世纪制定的，早于公立学校中的运动崇拜。对于维多利亚时代晚期和英国爱德华时代的业余爱好者来说，参与比赛时不用给他们支付费用或薪水。因此，在板球比赛中，业余选手和专业选手经常在同一支球队中比赛，通过使用不同的更衣室、不同的名字书写方式来保持社会区别。

（二）20世纪上半叶

由于足球和橄榄球已经成为人们想要观看和参与的项目，俱乐部开始付钱给球员，这逐渐促成了职业化运动员的出现，产生了体育产业。这很大程度上要归功于杯赛的建立，杯赛由公民和地区竞争者提供，比赛具有目的性和刺激性。

1914年第一次世界大战后，职业运动的声誉在中产阶级中暴跌。但是，体育运动在维持部队士气方面起着重要作用。大战结束后，观看比赛的人数达到了新的高度。最大的足球联赛可以吸引多达6万人观看。此外，由于参加运动，人们很少生病。因此，在国内外政治和社会动荡时期，这项运动被视为英国工人阶级总体秩序和良好品格的象征。对于观众来说，职业运动提供了令人兴奋的公共体验，在这种运动中，与家人同行可以忘记工作，心情愉悦。因此，职业足球和橄榄球联盟的参与者变成了绝对的男性领域，他们具有共同的社区意识，甚至可能是阶级认同。

运动的支持者和使用城镇命名的俱乐部支撑着体育运动，提升了公民身份。然而，这些运动的支持者并不能代表社区的所有公民。专业运动大多是由男性熟练工人、少数妇女和中产阶级观看的。失业和非熟练工人大多由于自身的贫困而买不起门票，不能观看比赛。因此，在两次世界大战之间的萧条期间，随着英国部分地区失业率的激增，职业体育受到打击，工业区中受灾最严重的一些俱乐部已经破产。同时，由于时间和金钱的限制，工人阶级和妇女被排除在职业体育运动之外，甚至熟练的工人也没有表现出对当地团队的忠诚。

职业体育终究是娱乐活动，人们开始思考花钱观看比赛是否值得，他们认为参与运动和观看运动一样有趣。英国的城镇宣传着各种各样的运动，从公共浴场的水球运动到各行各业的赛鸽运动，飞镖、多米诺骨牌、台球在酒吧和夜店中蓬勃发展。尽管体育运动使人们增加了生活的兴奋度和乐趣，但经济问题仍然束缚着他们，使得他们不敢在体育运动上花费更多的钱。

但是，对于许多男人和男孩来说，无论输赢，运动都使他们获得了相当大的身心奖励，这也是一种经验，有助于教会他们如何成为男人，如何进行社会化。同样，工人阶级的体育英雄反映了观众的价值观和兴趣。他们的坚韧和熟练，根植于工人阶级的文化根基。

与足球一样，体育媒体为观众提供了表格指南，而且通过深入研究比赛，制定了详尽的计划以预测获胜者。在高尔夫球场和俱乐部中，参与者受到尊敬很重要。尽管工人阶级也追随高尔夫运动，但高尔夫运动是中产阶级的运动，高尔夫俱乐部是重要的社会和商业网络，赋予了当地社区的男性居民更多的特权和地位。同时，网球也代表了中产阶级的形象和社会重要性。对于20世纪初期的城市中产阶级来说，网球俱乐部是一个与异性成员见面和约会的场所。通过这种方式，体育成为中产阶级生活的重要组成部分。

与欧洲其他地区一样，1930年后，战争的阴影笼罩着各地。在这样的气氛中，体育本身变得越来越具有政治性。1938年在柏林的国际足球比赛中，外交部甚至通知英格兰足球队向纳粹致敬。

与第一次世界大战不同，在第二次世界大战期间，体育变得普遍，成为改善平民和士兵身心健康的一种手段。英国取得了第二次世界大战的胜利，但英国民众在身体和经济上都已筋疲力尽。在20世纪40年代后期的紧缩政策中，体育运动是一种易于获得的救济方式，并且由于广播覆盖率的提高，足球、橄榄球、板球和拳击获得了无数人的喜爱。1948年，伦敦举办奥运会，希望通过奥运会振兴旅游业，并为战后的紧缩政策增添色彩。奥运会是组织成功的活动，也是赢利的活动，这样的国际比赛越来越成为国家活力的指标。

（三）20世纪后半叶

1950年之后经济恢复，观看体育运动的受欢迎程度开始下降，因为它与购物、汽车、增加家庭舒适度的诱惑进行了竞争，其中电视是最诱人的项目之一，对年长的男人特别有吸引力。因此，20世纪60年代，参与足球运动的人趋向年轻化，这使得一种年轻的足球迷文化兴起。

在20世纪50年代和60年代，电视通常只播出精彩片段或现场报道的体育赛事。然而，电视体育越来越流行，越来越具有影响力。在20世纪60年代，奥运会和1966年世界杯的报道赢得了广大观众的关注，并将这些赛事变成了全球体育文化共同庆祝的活动。对于大多数人来说，温布尔登变成了电视赛事，而不是现场网球锦标赛，而橄榄球联赛则与评论员埃迪·沃林的北部色调密不可分。到20世纪70年代，电视报道还将橄榄球联盟的五国锦标赛变成了一项非常受欢迎的比赛。

电视还提供了商业利用体育的机会，尤其是体育赞助。体育是一项运动，电视和赞助商提高了它的知名度和影响度，但这也造成了管理人员业余主义传统与职业明星商业需求之间的紧张关系。体育运动的商业化，以及对违反业余守则的行为视而不见，最终使业余精神让位给职业化运动。

电视带来的变化是巨大的。板球队非常乐意接受这一变化，甚至早在1967年就引入了一日赛、周日联赛，因为它寻求一种更易于访问和令人兴奋的一日赛形式来弥补日益减弱的四日赛。彩色电视发明之后，斯诺克台球从20世纪60年代后期开始进行电视转播，以致把这项运动从烟熏酒吧领域转换到全国范围。斯诺克具有相对静态的性质，因此播放成本低廉，有利于戏剧性的特写镜头。斯诺克还具有媒体在体育报道中不断寻求的特征和个性。电视对体育真正的商业推动作用体现在20世纪90年代。随着卫星电视的发展，足球被新媒体视为吸引观众的关键。因此，鲁珀特·默多克的天空（Sky）花费了巨资来确保电视转播权。

20世纪80年代后期，当足球迷的流氓行为、布拉德福德（Bradford）火灾惨案、海塞尔（Heysel）惨案和希尔斯伯勒（Hillsborough）惨案等致命灾难使英式足球的人气和地位跌至最低潮时，高层管理者开始在20世纪90年代重塑自己。新的全座位式体育馆使观看足球比赛更加安全、卫生，有才华的外国球员的涌入提高了比赛水准，赛事的所有者和管理员发挥了赛事优势。运动队是主要的受益者，因为他们的个人资料、工资和赞助机会在关注名人的社会氛围中成为被高度关注的对象。同时，球迷可以在电视上观看比以往更多的足球比赛，到现场观看比赛变得极其昂贵。

其他体育运动也热衷于效仿足球。橄榄球联赛成为超级联赛，其球队获得了美式风格的称呼，相关的电视节目播出时间安排从观看人数较多的冬季被转移到了观看人数较少的夏季。橄榄球联盟担心会被人们抛弃，于是突然放弃了坚持多年的业余运动员参加比赛的传统，于1995年转为职业球员参加，此举虽然导致了大量的资金支出，但回报也大幅提高。

（四）21世纪

进入21世纪，英国体育产业的生产总值占到国民生产总值的1.7%，体育竞赛表演产业已经成为成熟的产业，成为国民经济的重要部分。2019—2020赛季，英超创造了51.34亿欧元的收入，是欧洲五大足球联赛中收入最高的赛事。2015年，英格兰橄榄球世界杯创造了约10亿英镑的收入。英国赛马会通过与音乐界的合作，每年举办32场音乐会，年营业额达1.7亿英镑。

英国的体育竞赛表演产业拥有一批世界先进的赛事运营公司。马克·麦考是第一批发现运动员具有商业价值的经纪人。他创立的体育机构IMG，已经成长为全球最大的体育管理和营销公司，该公司将竞技活动与商业广告、企业赞助紧密结合，创造了巨大的体育赛事市场。

二、美国体育竞赛表演产业的发展历程

（一）19世纪

在殖民时代，体育运动在各个社会层次上都引起了人们极大的关注。在英格兰，狩猎被严格限制为地主的专属活动。在美国，每个人（包括仆人和奴隶）都可以狩猎，没有社会阶级上的区别。赛马是当时的主要赛事。农民没有马，但他们是观众和赌徒。熟练的驯马师由选定的奴隶担任。绅士们举行赛马，目的是通过昂贵的养殖、训练，在比赛中获胜，从而向全世界展示绅士优越的社会地位。竞争力、个人主义和唯物主义是绅士价值观的核心要素。赛马运动是美国在18世纪80年代至19世纪60年代的主要运动，特别是在南部。

1870年之后，赛车在北方复兴。精英赛马会经营着最负盛名的赛道，他们很快面临着以利润为导向的专有赛道的竞争。赌博在赛道上是合法的，但更多的钱是由无牌的赌注在非正规渠道上下注的，这些通常由犯罪集团支持。由福音派新教徒和社会改革者领导的道德对立运动导致许多州在1910年之前都关闭了赛道。观众的大部分注意力转移到了赛车上，赛车以技术为中心而不是赌博。

1920年，赛马运动卷土重来，当时州政府将赛马投注合法化。到1950年，参加赛马的人数超过其他任何运动。

到19世纪中叶，有组织的体育运动在定义男子气概的新模式方面发挥了重要作用。例如，拳击专业化强调了男性气概的身体和对抗方面，没有手套的裸指搏斗代表了19世纪美国的"男子气概"。再如，20世纪初期美国最主要的棒球明星泰·科布（Ty Cobb），他的身上展现出了现代男性的气质。他是一个钢铁般的人，毫不畏惧，竭力通过压制较弱的对手来提高自己球队的声誉。

1876年，全国棒球联盟和美国校际橄榄球协会成立，标志着美国现代体育赛事经营模式的开始。随后，网球、高尔夫、滚木球、田径及其他体育运动项目均有了各自类似的职业或业余协会组织。19世纪后半叶，美国还首次举办了一系列重大赛事，包括赛马、校际大学生橄榄球赛、校际大学生田径比赛、全美网球锦标赛等。

（二）20世纪上半叶

第一次世界大战过后，体育产业遭到了停滞不前的状况，但这也为战后体育和体育产业的发展做出了贡献。首先，人们认为体育赋予了人们"男子气概"的特征。其次，在美国各地都有对体育用品的需求，当地州政府看到了体育活动使人们受益。最后，军事中开展了与体育有关的活动，体育教育成为强制性的教育，所有这些都为体育产业带来了更多的收入。

因而，第一次世界大战结束后，美国迎来了体育赛事发展的黄金时代。各种体育赛事在电台广播轮流播放；每天的报纸媒体实时更新赛况；体育明星经常出现在电视屏幕和商业广告中。体育公司开始认可来自不同运动项目的不同运动员所带来的明星效应。人们如果看到自己喜欢的运动员展示和使用某种产品，就会去购买同款的产品。

在这一时期，美国赛事的门票收入也大幅提高。1918年，棒球世界系列比赛只有约18万美元的门票收入。可是到了1923年，门票收入超过了100万美元。1926年，约12万人观看了在费城举行的登普西与滕尼的拳击对抗赛。这场比赛的复赛于次年在芝加哥举行，门票收入达到266万美元。此时，体育竞赛表演产业在美国快速发展起来。随后，女性也参与到体育运动中。在1920年代，大学的女教练开发了一些更适合女性的运动来替代激烈对抗。

许多大学开始重视体育比赛。克努特·罗纳，在1918至1930年任巴黎圣母院足球队（the Notre Dame football team）的总教练。他提出了应该培养体育运动忠诚度的理念，要对一支获胜的运动队忠诚，明星球员应该拥有广泛的粉丝群。此外，他还促使大学提高了对大学体育的认识，阐明了体育经纪人、学生新闻助理的重要性。

在1933至1939年的新政期间，公共体育设施得到了改善，并增加了大笔救济金。美国的公共事业振兴署（Works Progress Administration，简称WPA）救济项目在娱乐设施上花费了9.41亿美元，包括5900个运动场和游乐场，770个游泳池，1700个公园和8300个休闲建筑。WPA在体育和娱乐工作人员上花费了额外的2.29亿美元。

（三）20世纪下半叶

第二次世界大战爆发后，美国体育产业发生了一些变化，停止了体育产品的生产，工厂转为制造军用产品；停止运动和体育赛事，职业运动员参加战争。这时，妇女参加了棒球运动。这是因为自从男性球员参加战争后，球队无法互相比赛。因而，女子高中运动增长了500%。此时，种族融合促进了体育事业的进步。其背后的原因是文化态度的改变，以致有理由替换参军的球员。杰基·罗宾逊成为第一个打棒球的非裔美国人，查克·库珀成为第一个非裔篮球运动员。

1972年的教育修正案提出，美国任何性别公民均可参加体育赛事。比利·简和博比·里格斯之间的网球比赛是两性之战，比利·简最终获得了胜利，并成为第一个获得奖金超过10万美元的女选手，表明女性在运动方面可以比男性更好。出于商业价值和公司支持的原因，女子国家篮球协会（WNBA）成立。

（四）21世纪

在美国，人们崇尚既具有知识水平又有体育水平的高材生，体育技巧是高水平人才不可或缺的一项能力。斯坦福大学、加利福尼亚大学、哈佛大学和耶鲁大学等名校既注重学术水平，又注重体育水平，他们以在大学体育联赛中获得优异成绩而骄傲。因而，美国的现代体育是名誉、水平、资本的融合体，体育竞赛表演产业有了得天独厚的发展环境，促使体育竞赛表演产业成为美国最赚钱的行业之一。美国体育产业的核心是体育竞赛表演业，已经形成了由体育资产、体育媒体、赞助商、体育场馆、体育赛事、体育特许商品公司、体育营销、经纪公司等主体所构成的一条完整、成熟的体育赛事产业链。

根据普华永道对于美国体育产业的统计，在2014年，美国体育竞赛表演产业的总收入为605亿美元，主要来自四大项：赛事门票收入177亿美元29%，媒体版权收入146亿美元24%，体育赞助收入147亿美元24%，体育特许商品收入135亿美元23%。同时，全球体育竞赛表演产业的收入来源结构比例为赛事门票收入32.6%、媒体版权收入24.1%、体育赞助收入28.8%、体育特许商品收入14.5%。这说明美国体育竞赛表演产业与全球体育竞赛表演产业的收入结构比例高度相似。

三、日本体育竞赛表演产业的发展历程

日本体育产业中存在着传统与新兴并存的现象。相扑和柔道是日本体育的象征，尤其是相扑运动。20世纪90年代，政府意识到官方主导型的体育行政已经不能适应时代的需要，振兴体育产业需要充分发挥民间力量，于是开始制定体育产业振兴政策。1982—1992年是日本体育产业快速发展的黄金十年，体育产业总规模达到6兆日元。此后由于经济泡沫，日本体育产业规模不断下降，2012年仅为3.9兆亿日元，至今其体育产业经济规模持平或略有发展。2017年，日本体育产业总规模为5.5兆日元，占GDP的1%~1.5%，计划到2025年达到15.2兆日元，占GDP的5%左右。

日本的竞赛表演产业发展非常迅速，赛事遍布日本各地。以2013—2014赛季冬季体育为例，职业棒球排名第一位，一个赛季观众总人数为12616873人，共432场，平均每场观众有29206人。此外，还有职业男子足球、女子足球以及职业篮球、排球、相扑、高尔夫等赛事发展迅猛。以日本职业足球联赛（简称J联赛）为例，1993年，J联赛仅有10家俱乐部，主要集中在东京、大阪等大城市。到2016年，J联赛俱乐部已经发展到56家，遍布日本诸多地区。

在日本，参与体育运动的公众人数日益增多。2000年时，一周参与一次及以上的人数占总人数的比例为37.2%，2015年为40.4%。比较流行的活动依次为走路、跑步、轻体操、力量锻炼、游泳、骑行、保龄球等。这一切与日本文部科学省、厚生劳动省的政策息息相关，如文部科学省的体育基本计划增加了孩子参与体育的机会，改善了社区体育环境等。报名和参与东京马拉松运动的人数不断增加。东京市民参与比例逐年提升，2007年为39.2%，2014年达到60.5%。

J-SPORTS是一家付费的有线电视公司，设有四个频道，始终坚持顾客满意度第一位的经营理念。其收入的主要来源为电视付费（2500日元/月）、广

告等，群体为体育爱好者中的特别爱好者。J-SPORTS通过多频道、多视角、多摄影角度、灵活播放等方式吸引观众，实况转播时数达到5000小时/年。约有650万个家庭付费收看J-SPORTS的体育节目，普及率为12%。J-SPORTS公司将赛事通过电视带入千家万户，推动了日本体育竞赛表演业的发展。

四、国外体育竞赛表演产业发展的两种主要模式

综合以上各国体育竞赛表演业发展情况来看，体育竞赛表演业的发展不外乎两种模式：一是市场主导型，二是政府参与型。

（一）市场主导型

市场主导型是指市场驱动体育竞赛表演业的发展，市场是调节体育企业或体育组织之间资源合理分配的主要手段。市场主导型发展模式有以下特点。

（1）政府只对体育产业的发展发挥宏观调控作用，不干预体育企业的经营内容和工作方式。政府通过设立法律法规，促进体育企业合理竞争，维护体育市场的杠杆，并有效维护消费者。

（2）有非常完善的俱乐部体系和职业联赛体系。所有体育俱乐部都有独立的法定代表人，拥有独立的所有权和经营权，并以定制化经营模式为主，体育管理人员数量多、素质高。

（3）形成了较为完整的体育产业体系，覆盖了体育产业全链条。竞技体育产业是体育产业的主流，围绕上游的体育培训产业、中间环节的体育经纪和体育传媒产业，以及其后的体育用品产业和体育建设产业。体育产业的各个系统相互联系，消费体育市场得到充分发展。

（4）体育消费市场稳定化、普遍化、经常化。采用市场主导型发展体育产业的国家，一般都有悠久的体育运动传统，居民参与体育运动的时间和次数都非常高，构成了庞大、稳定的体育消费市场。

（5）具有独特的体育理念和体育文化，认为体育有助于男子气概、团队精神、领导力等品格的塑造，这些体育理念和文化成为推动体育竞赛表演业持续发展的根本动力。悠久的体育赛事和风格成为一个国家特有的现象，观看体育比赛成为具有独特意义的体育文化和行为习惯，刺激着体育赛事产业和体育旅游产业的发展。

（二）政府参与型

政府参与型是指体育竞赛表演产业的发展主要是由政府驱动的。政府制定各种优惠政策吸引社会资本投入体育竞赛表演产业，或者政府资助体育企业或组织，以促进体育产业的发展。德国、日本、法国等国家的体育竞赛表演产业发展模式就是政府参与型。政府参与型发展模式的特征如下。

（1）政府采用多种手段引导和促进体育产业的发展。政府制定体育发展规划和目标，为体育组织提供资金或者给予税收优惠、审批优惠等，以促进体育产业的发展。德国制订"黄金计划"，政府出资在全国各地修建体育场馆，引导居民参与体育运动，提高居民运动参与率，学校和俱乐部结合起来共同培养运动员，为职业俱乐部培养后备体育人才。

（2）采用梯度发展战略。政府根据本国体育消费和体育市场的发展情况，确立发展重点，有计划、有步骤地推动本国体育产业的发展。中国在20世纪90年代制定政策优先发展足球、篮球等职业体育，在21世纪初出台政策发展健身行业，近年来又出台政策促进冰雪产业的发展。

（3）非营利机构正在不断向营利机构转变。在政府参与型的发展模式中，体育场馆和职业运动员大多属于国家资产，由非营利性机构管理和运作。为了促进体育产业的发展，实现商业化，非营利机构将体育场馆、运动队的管理权和经营权逐渐交给代管企业等营利性机构，这些机构将成为市场的主体。

（4）体育产业体系并不全面。由于政府有针对性地、分阶段推进体育产业的发展，因此只能在特定阶段集中发展特定类型的体育产业。体育产业链不完整，体育产业体系不完善，特别是体育经纪业和体育媒介不完善。体育产业缺乏创新，与相关产业融合度不高。

除了市场主导型和政府参与型外，现实中的体育产业发展模式还可能是这两种模式的融合形态。一个国家采用什么样的体育产业发展模式，必须根据本国的政治体制、经济体制、文化特色、体育消费状态来决定。

第三节　中国体育竞赛表演产业的产生和发展

在中华人民共和国成立70多年的历史中，中国体育竞赛表演产业从萌芽状态到快速发展的时期主要集中在改革开放以来这40多年。

一、中国体育竞赛表演产业的认知和孕育时期（1979—1991年）

改革开放初期，中国开始注重奥运体育，参加了1984年洛杉矶奥运会，在奥运会和世界级赛事中夺取冠军，成为体育事业的重心。为了在世界级比赛中获得金牌，各省集中力量发展举重、摔跤等低成本但容易夺取金牌的项目。虽然足球、篮球等许多项目有广泛的群众基础，但投资较少。国家体育运动委员会（以下简称国家体委）开始探讨增加体育发展资金的新方法，以发展群众基础广、产业化潜力大的项目。

1982年，国家体委提出体育工作的重点是"抓紧体育改革，推进体育社会化"。1984年9月，国家体委又提出"我国体育已日趋社会化，以国家办体育为主的同时，社会团体、集体以致个人都可以积极兴办体育事业"的思路。同年10月，中共中央颁发《中共中央关于进一步发展体育运动的通知》。

1985年8月，全国体育发展战略研讨会提出："体育事业属于第三产业。"体育管理部门主要负责人提出"积极兴办体育产业，发展与体育有关的产业，使之逐步发展为国民经济中的支柱产业之一"，这是我国第一次出现体育产业的提法。

国家体委于1986年4月印发了《国家体委关于体育体制改革的决定（草案）》，提出了我国基层体育改革的方向，进一步推进体育社会化，从单纯依靠公共投资转向注重多渠道社会投资和融资。然而，这时国内的体育赛事都是依托事业单位举办的，而且是以娱乐、满足人们精神生活需求为目的的。

国际赛事已经进入中国民众的视野，通过电视转播，民众可以免费观看NBA、奥运会、亚运会等赛事。在这一时期，NBA的转播主要是以宣传为目的，人们对体育竞赛表演产业有了初步的认知。

二、中国体育竞赛表演产业的初创时期（1992—2001年）

1992年10月，中国共产党第十四次全国代表大会提出"我国经济体制改革的目标是建立社会主义市场经济体制"。1992年11月，国家体委在广州中山召开国家体委主任座谈会，提出体育事业要以体制改革为重点、以转型机制为核心，加快发展，逐步建立一个符合现代体育规律、政府监管、依赖社会、自我发展、活力四射的体育管理体制和有效的工作机制。会议还提出以足球改革为切入点，探索竞技体育改革途径。以市场为导向的职业足球联赛诞生，篮球、排球、乒乓球也逐渐市场化、职业化。足球甲级联赛和篮球甲级联赛分别于1994年和1995年开始举办。

1993年，国家体委制定《关于培育体育市场、加速体育产业化进程的意见》，明确了体育要"面向市场、走向市场、以产业化为方向"的基本发展思路。1995年6月16日，国家体委又下发了《体育产业发展纲要》，以指导中国体育产业发展。该纲要要求逐步建立适应社会主义市场经济体制、符合现代体育规律、门类齐全、结构合理的多产业并存、多种所有制并存的体育产业发展新模式。

1994年，国务院正式批准国家体育总局发行体育彩票，体育彩票资金是支持体育事业发展的重要资金。2018年，受足球世界杯的影响，中国体育彩票销售总额为2869.16亿元，达到历史顶峰。中国体育彩票募集的资金推动了全民健身、国际性大型综合类赛事的举办。

1999年，政府绩效报告首次将体育与经济发展联系起来。但是，中国职业化体育赛事和民间赛事的举办还是停留在不成熟的阶段。足球赛事得到了许多球迷的追捧，但是由于假球事件、中国足球队在国际大赛上没有取得过好的成绩，足球赛事的产业发展举步维艰。而篮球、排球、乒乓球等职业赛事的观众较少，企业赞助的兴趣度不高，难以产生效益。

三、中国体育竞赛表演产业的初步发展时期（2002—2009年）

在这一时期，我国社会主义市场经济体制得到了初步完善，经济实现了稳步增长，人民生活水平获得了提高，全面建设小康社会有了一个良好的开端。

2001年7月13日，北京获得了2008年第29届夏季奥运会的举办权。北京奥运会提出了"绿色奥运、科技奥运、人文奥运"三大理念，举办"特色高水平"盛会，以备战奥运会为契机，助力中国体育竞赛表演产业的发展。奥运会为中国体育竞赛表演产业的发展注入了新的动力，优化了产业结构，促进了体育赛事市场的规范运作，也促进了体育消费市场和体育中介市场的进一步发展。

结合北京奥运会的成功申办，我国迎来了全民健身热，政府管理部门继续为体育产业发展提供了制度保障。2003年5月，国家统计局发布了《三次产业划分规定》，将体育产业与文化娱乐产业、文化体育娱乐产业合并。2005年11月，国家体育总局发布了《体育服务认证管理办法》。2006年7月，国家体育总局发布了《我国体育事业"十一五"规划》，规划指出"十一五"时期体育产业发展的目标是初步建成与大众消费水平相适应，以体育服务业为重点，多业并举、门类齐全、结构合理、规范发展的体育产业体系，形成多种所有制并存，全社会共同参与、共同兴办的格局。

我国大部分省市出台了体育事业发展的规划文件。一些有条件的城市根据本市经济、社会、地域、体育传统等因素，开始构建具有自己特色的体育产业发展目标。例如，北京市提出建设国际化体育中心城市，上海市则提出建设亚洲体育中心城市。一些经济水平发展较低的城市提出努力使体育产业成为地方经济发展中的增长点。

在政府出台政策文件大力支持发展体育产业的背景下，许多国际上知名的职业体育赛事在我国相继举办，除了第29届夏季奥运会外，还有国际田径"黄金大奖赛"、国际斯诺克公开赛等。此外，我国创办了独有的大赛，例如上海网球"大师杯"、中国网球公开赛、上海F1汽车拉力赛等。

在这一时期，媒体也参与到体育赛事的举办中来。从2004年1月开始，河南卫视创办的《武林风》节目连续播出，至今已有20多年的历史。《武林风》举办的赛事吸引了国内外武术界的选手参加，使得中国武术赛事走向世界，中国武术文化在国际上的影响力也逐步增加。

总之，在这一时期，国家出台了大量的政策文件，加快了体育市场立法工作，建立了体育市场标准化管理体制，优化了体育市场发展环境，促进了体育竞赛表演业的发展。

四、中国体育竞赛表演产业的快速发展时期（2010年至今）

2014年，国务院印发的《关于加快发展体育产业促进体育消费的若干意见》（国发〔2014〕46号）充分燃起了社会公众发展体育产业的热情。该意见明确提出，到2025年，体育产业总规模将超过5万亿元，成为经济社会可持续发展的重要力量。

正是在该文件的推动下，国务院办公厅、国家发展和改革委、国家体育总局等多个部委陆续出台了推动体育产业发展的相关配套文件。2018年，国务院办公厅发布了《关于加快发展体育竞赛表演产业的指导意见》，定量地提出了体育竞赛表演产业的发展目标，要求到2025年体育竞赛表演产业规模要达到2万亿元。随着体育赛事审批权的取消，社会公众举办的赛事数量急速增加，尤其是民间举办的马拉松赛事大幅增加。根据中国田径协会发布的《2018中国马拉松大数据分析报告》，2018年在中国田径协会注册并举办的马拉松赛事为1581场。

2018年，全国体育产业总规模为2.4万亿元，增加值8800亿元，占国民生产总值的0.98%。然而，在体育产业总规模中，体育竞赛表演产业的占比较少。目前，除足球、篮球等少数项目走专业化发展道路外，其他项目尚未形成明确的专业市场。因而，我国体育竞赛表演产业的体系结构不完善，没有实现多业并举，缺乏体育经纪产业、体育媒体产业、体育保险产业等配套产业的支撑。体育竞赛产业的管理体制并不完善，这限制我国体育竞赛表演产业的健康可持续发展。因此，中国的竞技体育产业要走向成熟并成为国家经济的支柱，还有很长的路要走。

五、中国体育竞赛表演产业发展的有利条件

1. 经济发展水平是推动体育竞赛表演产业发展的重要因素

在新时代，我国的国民生产总值已经排名世界第二位。中国经济基础不断提高，人民生活水平显著提高，人们向往更多的娱乐休闲等精神享受。消费者对运动的需求已经从实用性转向娱乐性和自我表现性。体育产业必须顺应消费需求发展规律，逐步从体育用品业向体育服务业转移，增加赛事举办数量，吸引公众参与或观看赛事，增加体育赛事产业份额，改善体育产业结构，优化体育赛事产业结构。

2. 体育需求为体育竞赛表演产业发展做出贡献

我国已进入发展的新时期，居民对精神文化的渴望不断增强。全民健身已成为国家战略，人们对体育的需求不断增长，促进了体育产业的快速发展和结构优化。2021年7月，国务院发布了《全民健身计划（2021—2025年）》，规定在"十三五"时期，我国经常参加体育锻炼的人数比例达到37.2%。随着人们生活水平的提高，对精神生活的需求也随之增加。观看赛事满足心理健康需求，有助于体育竞赛表演产业的发展。因此，需求结构的调整促进了体育产业的发展，有利于体育产业结构的优化。

3. 体育供给推动体育竞赛表演产业的发展

我国居民体育参与率较低，原因之一是我国的体育场馆、体育设施较少，

也很少有专业的体育教练、体育指导员指导体育训练。此外，我国职业体育赛事发展并不成熟，精彩的体育赛事较少，居民观看体育赛事的兴趣不高，使得体育竞赛表演产业发展缓慢。近年来，我国加大了体育场所的建设力度、体育人才的培养力度，减少了体育赛事审批环节，通过增加体育资源的供给，可以有效地促进体育竞赛表演产业的发展。

4. 科学技术促进了体育竞赛表演产业的发展

科学技术是第一生产力，通过科技创新推动健康中国建设，有利于体育产业结构向以体育服务业为主的方向发展，提供便捷化、智能化的全民健身体育场馆、提供高智能化的体育竞赛观赏体验、提供智能化的可穿戴式体育装备，帮助居民自行进行科学的体育锻炼。智能化的赛事管理系统、5G网络、电子设备可以帮助居民参与和观赏体育赛事，促进体育竞赛表演业的发展，进一步推进体育产业结构优化。

5. 各类体育项目的普及促进体育竞赛表演产业的发展

随着生活水平的提高，人们有更多的资金购置专业的体育器材，参与专业的体育项目培训，提高业余训练的水平，培养职业运动员的后备力量。参与各类体育项目的人数越来越多，不但足球、篮球、排球、乒乓球、羽毛球、网球等球类项目得到了普及，而且像冰雪运动、橄榄球、棒球等小众项目也吸引了众多爱好者，各类体育项目的普及度都有所提高，为体育赛事的举办奠定了参与者和观众基础，从而促进体育竞赛表演产业的发展。

6. 城市举办赛事的意识促进了体育竞赛表演产业的发展

现在许多城市都意识到赛事经济的重要性。举办体育赛事能够提高城市的知名度，改善城市的基础设施，促进城市旅游业、餐饮业、交通业、旅馆业的发展，增加就业人数，提升城市GDP，促进城市经济发展。因而，城市越来越愿意举办赛事，如马拉松赛事、球类巡回赛等，从而促进体育竞赛表演产业的发展。

第三章　体育竞赛表演产业的发展趋势

第一节　全球体育竞赛表演产业的发展趋势

一、全球体育产业发展趋势

美国全球管理咨询公司AT Kearney的研究表明，全球体育市场的价值在4800亿~6200亿美元，复合年增长率为5.9%。体育产业是品牌增长第二快的产业，超过了大多数国家的GDP增长。到目前为止，美国拥有最大的体育市场份额。从体育赛事到食品摊位、媒体赞助和物质商品，体育产业以迅猛的速度发展，竞争激烈，前景广阔。

根据普华永道2019年的统计数据，在2019年之前的3~5年中，全球体育行业的平均增长率达到了7.4%。相较于过去几年，欧洲和北美地区体育行业的增长速度预计将逐渐趋于平稳，这是体育行业趋于饱和的标志，与此同时，其他娱乐形式之间的竞争也在加剧。

根据《2021年普华永道体育行业调查报告》，在全球性新冠肺炎疫情的冲击下，对体育产业也产生了相应的影响，预计未来3~5年内，全球体育市场的增长率约4.9%（图3-1），将处于恢复与调整的阶段，市场趋于稳定。

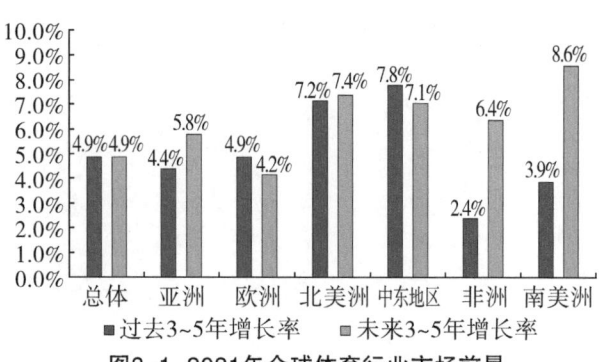

图3-1　2021年全球体育行业市场前景

由2023年普华永道发布的体育行业调查报告可知，受访者认为在未来3~5年内，全球体育市场增长率为6.6%。其中，中东地区、北美洲、亚洲市场增长率分别为13.5%、9.5%、6.4%。

二、全球体育竞赛表演产业的发展趋势

随着新技术和创新的到来，运动员和球迷都采用了高科技手段来参加体育活动，体育竞赛表演产业呈现出快速发展趋势。福布斯发布了《2023年全球最有价值的体育帝国》榜单，上榜的25个体育帝国总市值高达1730亿美元，比去年上涨了23%。该榜单筛选了美国国家橄榄球联盟（NFL）、美国职业棒球大联盟（MLB）、美国篮球职业联赛（NBA）、美国国家冰球联盟（NHL）和足球界最有价值球队的数据库，以寻找在俱乐部中持股超过20亿美元的个人或公司，且其对其他体育相关财产的投资总额必须至少为1亿美元，因而榜单上的体育帝国都来自体育竞赛表演产业，体育帝国总市值的增长说明体育竞赛表演产业的上涨趋势。

1. 体育竞赛表演产业的增长

各个大联盟和运动队组成了世界各地的成功企业。例如，国家橄榄球联盟（NFL）是迄今为止历史上最成功的美国体育联盟。Statista数据显示，NFL在2022年营收约186亿美元，常规赛阶段每周平均观赛人数约1670万，同比提高了4%。2023年2月举办的第57届超级碗，以1.15亿收视人数（美国本土）刷新了超级碗收视纪录，成为美国电视转播历史上收视率最高的节目。

2. 体育竞赛表演产业的衍生产业的增长

（1）体育传媒业的增长

科技巨头将继续挑战传统体育媒体，从而增加对优质内容的竞争。媒体版权实质上是客户在电视、互联网或任何其他媒体分发渠道上观看体育比赛所必须支付的费用。体育赛事的收入大部分都来自这种途径。2022年全球体育媒体版权价值达到550亿美元，相较于2021年的544.5亿美元增长了1.1%；而与受疫情影响最严重的2020年相比，增长率约为25%。其中NFL在世界上排名第一，在2022年占有15%的体育媒体版权市场。

（2）智能技术在体育竞赛表演业中的应用

数字时代促进了体育产业的发展。首先，网络视频推荐技术促进了小众体育项目的发展，例如，在英国，数据流帮助乒乓球运动吸引了年轻的观众。其次，可穿戴技术市场的销售额将大幅增长。再次，体育数据分析市场增长迅速，该市场在2018年的价值为5600万美元，预计到2024年的复合年增长率为30%，投资者正在积极寻找颠覆性和创新技术来促进体育产业的发展。最后，通过电视观看赛事的观众大幅下降，全球观众可以随时随地通过网络观看赛事、与运动员互动，传统赛事市场通过网络在全球范围内将赢得更多的观众。

（3）体育赞助业的增长

在体育界，赞助就是一切。它提高了利润，提供了资金，并允许进行竞争性活动。据英国广播公司新闻报道，体育赞助业务支出预计增长4%，全球支出将近440亿美元。此外，普华永道统计，到2023年，赞助市场将达到490亿美元。尽管赞助对许多体育组织都很重要，但消费者批评企业的存在会削弱体育竞赛的纯度，从而使体育运动完全与利润有关。

3. 电子竞技业的增长

在2019年，电子竞技的营收已达到11亿美元。在过去的几年中，这一特定领域取得了巨大的发展。随着收视率及其收入的增加，Newzoo估计电子竞技的年增长率将达到约14%。2019年，估计有15.7亿人了解该行业。由于全球大约有6亿粉丝和观众，所以这些收入将通过赞助和广告获得。根据德勤（Deloitte）2019年的数字媒体趋势调查，40%的游戏玩家每周至少观看一次电子竞技赛事。

近年来，电子竞技产业已经发展成一个完整的产业，拥有一些名人的用户，如迈克尔·乔丹和德雷克，逐渐成为一种流行文化，得到了全球投资者、品牌、媒体和消费者的关注。根据Business Insider Intelligence的预估，自2019年至2023年，电子竞技的总收视率预计将以9%的复合年增长率（CAGR）增长，从2019年到2023年，电子竞技的观众人数将从4.54亿增长到6.46亿。

电竞产业的爆炸式增长得益于直播和游戏的社交功能。Twitch和YouTube Gaming等游戏特定的流媒体平台使粉丝可以直接与玩家和团队建立联系，而更多的主流社交网站使这些联系得以蓬勃发展。

该行业的风险投资家及最近的私募股权公司的投资都出现了大幅增长。根据德勤的数据，2018年电子竞技投资数量翻了一番，从2017年的34个增加到2018年的68个，相较于2017年4.9亿美元的投资额，2018年的投资额达到了45亿美元，同比增长率达到837%。整个产业生态系统中的参与者们分配了这些投资，包括电子竞技组织者、锦标赛运营商、数字广播公司。因而，电子竞技已经从最初的街机游戏发展到如今的复杂数字生态系统。

2022年中国电竞产业收入1445.03亿元，电竞人口规模约4.88亿，全年举办电竞赛事108项。其中，电竞游戏收入1178.02亿元，占比81.52%。电竞直播、赛事活动、俱乐部经营及其他收入共计267.01亿元，内容直播收入占比15.28%，赛事收入占比1.32%，俱乐部经营收入占比1.25%，其他收入占比0.63%。

电子竞技已经变得如此流行，国际奥委会也在考虑是否将电竞列为奥运会项目。在2017年10月28日瑞士洛桑举行的第六届奥运峰会上，电子竞技项目加入奥运会的可能性成为这届奥委会代表们讨论的热点。在2018年的雅加达亚运会上，电子竞技项目顺利进入亚运会，首次成为亚运会项目。然而，电子竞技入奥的形势并不乐观。

国际奥委会主席托马斯·巴赫在接受美联社采访时说："我们不能允许某些提倡暴力和歧视的游戏进入奥运会，也就是所谓的'杀人游戏'。从我们的观点来看，它们与奥林匹克价值观是矛盾的，因此无法被接受。"四项新的比赛运动将会增加到2024年巴黎奥运会，分别是冲浪、滑板、霹雳舞和攀岩，但没有批准电子竞技为奥运会项目。

三、美国竞赛表演产业的发展趋势

1. 女子运动的发展

2019年，美国女足在法国里昂女子世界杯足球赛成功卫冕，一些年轻女子球星出现，这些事件引发了美国民众对女子运动、女子赛事的关注，刺激了美国女子体育产业的发展。现在，许多公司将女子体育视为强大的多元化和包容性运动。

女子运动团队和运动员的曝光率越来越高，这可能代表了女子体育的转折点。妇女的职业体育将受益于这一波热潮。女子体育运动的发展势头为建立新的职业联赛、特许经营权、公司赞助及增加门票销售量提供了千载难逢的机会。女子职业体育产业的发展潜力巨大。据《今日美国》报道，美国女足的战绩是非常瞩目的，自1991年第一届女足世界杯以来，美国已经赢得4次冠军、1次亚军、3次季军。相比之下，美国男足在各届世界杯的表现就没有那么的耀眼，其最好成绩是1930年第一届世界杯的第三名，此后1次获得八强席位、3次进入十六强，而在2018年俄罗斯世界杯未能打入决赛圈。

在美国女足赢得比赛后，球场上球迷们高呼的口号是"同工同酬！"（Equal Pay!）。在美国女足以"英雄"身份回国举行胜利巡游时，路边群众高呼的口号也是"同工同酬！"据报道，赢得了2015年女足世界杯的美国女足获得了172.5万美元奖金；但进入2014年男足世界杯十六强的美国男足却获得了537.5万美元的奖金。

2019年7月10日，美国纽约州州长安德鲁·库默参加了美国女足在纽约的胜利巡游，并当场签署了一份"同工同酬"法案，"严令禁止对工作内容相同的受保护阶层实施不平等薪资制度"，同时不允许雇主向求职人员询问历史薪资。因此，美国女足的此次世界杯之战不仅是为了赢得比赛、拿下胜利，更是为了女性能够获得平等权利，推动美国运动界男女薪酬的同等。

2. 电子竞技产业发展迅速

到2020年，电竞领域将继续快速发展。随着越来越多的初中生加入电竞联赛，团队、联赛和球员之间的关系正在加速发展。传统体育特许经营为电子竞技联盟同行提供了有效的商业和广播模式，为球迷提供了具有独特吸引力的体验，这将推动长期电子竞技产业的增长和盈利模式的构建。

3. 高校体育运动的发展

2019年10月，美国国家大学田径协会（NCAA）表示最终打算允许大学生运动员使用其姓名、形象或肖像获得补偿。大学生运动员具有自己的品牌，他们有能力从各种形象中获利。如果运动员不再被迫坚持自己的形象隶属于学校品牌，这将使公司能够利用更多新的品牌和赞助机会。大学生运动员将获得美国国家橄榄球联盟运动员协会（NFLPA）的帮助，该协会已与美国国家大学运动员协会（NCPA）合作，以促进大学生运动员的营销和许可机会，包括广播节目的发行权利。

4. 5G和云计算在体育中的应用

随着5G无线技术的推出，更快的传输速度可以减少球迷在家里和体育场内的等待时间，提高信息传输的可靠性和数量。除了5G外，增强现实和虚拟现实（AR和VR）以及OTT解决方案也使体育迷在需要的时间和地点准确获得闪电般的实时数据。

随着移动设备提供即时回放、实时电视图形、更快的连接性及加快食品和饮料订购速度，场内球迷的体验正在发生革命性的变化。支持5G的VR设备的货币化可以使粉丝在几乎任何地方与全球朋友一起体验现场游戏。移动设备很快将能够与电竞游戏机的延迟时间和质量相匹配。一些公司开始探索如何利用全息技术和5G为观众传输高质量的影像，让观众有身临其境的体验。

四、欧洲体育竞赛表演产业的发展趋势

体育作为欧盟的重要经济部门，在国民经济中所占份额可与农业、林业和渔业相媲美。此外，在未来其份额将有望增加。总体而言，体育产业占欧盟GDP的2%，与体育活动有关的产业所创造的就业总量达到730万，相当于整个欧盟就业总量的3.5%。在体育供应链中的每个新工作都会在供应链以外的相关行业中产生0.65个新工作。

2014年1月，欧盟在布鲁塞尔举行了欧洲体育产业第一次会议，阐述了体育对经济发展的重要性，并制定了相关政策刺激欧洲体育产业的发展。这些政策包括：利用欧盟中小型企业竞争力计划（COSME）资金支持中小体育创新型企业，在区域一级创建专门机构以促进体育赛事的组织和运营，并采取措施促进与体育有关的旅游活动。

职业体育通过广播和媒体版权、赞助、商品和各种其他渠道在欧洲产生了重大的经济影响。欧洲最著名的赛事为足球赛事，2016年欧洲足球协会联盟（UEFA）的总收入已达到约46亿欧元。2016年欧洲冠军联赛的每场赛事现场观看的平均人数为47590人。此外，还有网球、高尔夫、赛马、板球、F1赛车、自行车等项目的著名赛事。这些赛事每年带来的收入都在稳步增长。

第二节　中国体育竞赛表演产业的发展趋势

一、中国体育产业发展趋势

"体育强则中国强，国运兴则体育兴"，习近平总书记的这个论断既概括

了体育于国家和人民的巨大价值，又阐明了国家的和平稳定对体育发展的基础性支撑。中国已经进入新的发展时期，体育带来的健康与快乐是人民群众美好生活愿望中的重要需求。然而，与国际发达国家体育产业相比，我国体育产业发展满足不了人民需求，在GDP中的占比偏低，需要加快体育产业的发展。

表3-1显示了2007年至2021年的每年中国GDP总量、GDP增长率、体育产业增加值、体育产业增加值增长率、体育产业增加值占GDP比重的数据。从表3-1可以看出，过去15年间中国体育产业增加值增长率明显高于GDP的增长率。从2007年到2014年，体育产业增加值增速略高于GDP增速，在2015年至2018年，体育产业增加值的增速是GDP的2倍多，2019年之后，体育产业增加值的增速放缓。

表3-1　体育产业增加值增长速度与GDP增长速度

年度	GDP（亿元）	GDP增长率（%）	体育产业增加值（亿元）	体育产业增加值增长率（%）	体育产业增加值占GDP比重（%）
2007	270092	23.08	1265	28.69	0.47
2008	319244	18.20	1555	22.91	0.49
2009	348517	9.17	1835	18.07	0.53
2010	412119	18.25	2220	20.92	0.54
2011	487940	18.40	2740	21.13	0.56
2012	538580	10.38	3136	16.62	0.58
2013	592963	10.10	3563	13.62	0.60
2014	641280	8.15	4041	13.42	0.63
2015	685992	6.97	5494	35.96	0.80
2016	740060	7.88	6475	17.86	0.85
2017	820754	10.90	7811	20.63	0.95
2018	900309	9.69	10078	29.02	1.12
2019	986515	9.58	11248	11.61	1.14
2020	1013567	2.74	10735	-4.56	1.06
2021	1149237	13.39	12245	14.07	1.07

根据前瞻研究院的统计（图3-2）可知，2017年之前，体育产业投资项目和金额大幅增长，但在2018年和2019年这两年当中，体育产业的投资热度有所

下降。2019年前11个月中国体育产业融资数量仅为84起，五年来首次下降至两位数；融资金额为36亿元，创2015年以来融资的新低。面对逐渐退去的投资热度，各企业纷纷开始转型，并加快产业深度布局的步伐，加大优质赛事、智能体育装备制造的投资。

图3-2　2015—2019年前11个月中国体育产业投融资数据统计情况

尽管体育产业投资的热度有所下降，但市场的反应却截然相反，投资者依旧紧盯市场。前瞻产业研究院统计数据显示，我国体育消费在2018年已接近万亿规模。在2019年的"双11"期间，天猫平台上，销售总额超过10亿元的品牌有15个，其中体育品牌就占据了两个名额。

国务院办公厅在2019年9月17日发布了《国务院办公厅关于促进全民健身和体育消费推动体育产业高质量发展的意见》，要求大力培育竞赛表演、健身休闲、体育经纪、场馆服务、体育培训等服务业态，创新商业模式，延伸产业链条。该文件发布，刺激了中国体育产业的发展，引发了新一轮的体育产业投资热潮。

二、中国职业体育赛事的发展

（一）职业赛事的供给呈上升趋势

从2016年到2019年4年间，我国体育竞赛表演业的总规模不断扩大，2016

年为176.8亿元，到2019年规模已经达到308.5亿元，4年间增长了74.5%。受疫情影响，2020年至2021年我国体育竞赛表演产业的产出增长较少，2021年的体育竞赛表演产业的产出为343亿元。

我国自主举办的最有影响力的赛事有中超、CBA、LPL（腾竞体育）、北京马拉松、中国网球公开赛等。国内的中超赛事和CBA赛事观看人数也在不断上涨。2007年，两个赛事的观众分别为1.4亿人次和4.2亿人次；到2019年，中超的观众人数增长至16亿人次，CBA的观众增长至10.8亿人次。

虽然我国自主举办的职业赛事有了一定影响力，但具有顶级商业价值的职业赛事仍然是国外著名的赛事，例如，NBA、英超、西甲、世界杯等。40%的赛事公司或俱乐部的主营业务就是国际赛事。NBA、英超联赛等国际顶级商业联盟已经在中国收获了巨量的球迷，赛事版权的价值也越来越高。

但在"全面健身"政策的引导和大力推广下，民众开始期望参与一些门槛比较低的体育活动，例如，马拉松、乒乓球、羽毛球等，与之相关的赛事在我国如火如荼地展开，目前约32%的赛事公司将资金投入大众喜爱且参与度较高的业余赛事或者国内区域性职业赛事。传统运动项目依旧是多数俱乐部和赛事公司所经营的主营赛事，例如，篮球、足球、羽毛球等，也有一些俱乐部或赛事公司有意进入水上运动、电子竞技、健身搏击等国内新型的体育项目。

从国内所举办的赛事构成来看，国际赛事占40.7%，国家级赛事占14%，国内区域性赛事占15%，业余赛事与其他赛事分别占17%跟13.3%。因而，我国自主举办的、自主创造的赛事IP还需要长足的发展。

（二）职业赛事的消费大幅增加

近年来，随着互联网技术的发展，在线体育赛事直播资源与直播平台互相融合，中国的赛事观众形成了在线收看体育赛事直播的习惯。根据中国互联网络信息中心（CNNIC）的统计数据，截至2020年12月，体育直播的用户规模为1.38亿人，较2020年3月的2.13亿减少了7488万，用户规模减少的主要原因是疫情造成的体育赛事取消或推迟，让用户没有太多的赛事可看。

根据前瞻产业研究院出版的《2021—2026年中国体育产业发展前景预测与投资战略规划分析报告》可知，目前我国体育版权市场以苏宁体育和腾讯双巨头为主导，两者基本垄断了足球和篮球的赛事版权。央视垄断了国际性大型的知名赛事（如世界杯和奥运会）的版权。

苏宁体育的媒体平台PP体育在2016年以7.21亿美元拿下了2019—2021赛季

的英超版权，2017年又获得了中超和亚足联版权，2018年又签下了德甲、法甲和欧冠的独家媒体版权。目前PP体育拥有了包括五大联赛、欧冠、中超、亚冠在内的绝大部分国内外顶级足球赛事版权，以及UFC、WWE等搏击类小众赛事，成为雄踞一方的体育媒体巨头。

腾讯体育以篮球赛事为主导，拥有NBA和CBA的直播版权及FIBA国际篮联旗下赛事的版权。此外腾讯还握有北美其他三个体育联盟NFL、MLB和NHL以及网球、F1等小众赛事的版权。2016年，腾讯视频付费用户数已超2000万，同比增长逾两倍，在网络上付费观看赛事的用户数量增速喜人，赛事视频付费观看的市场巨大。

（三）我国赛事的盈利模式有待改进

我国的体育赛事运营主要由专业公司负责，盈利来源主要包括门票及衍生品收入、赞助收入及转播权转让收入。从我国的体育赛事盈利构成来看，赞助收入占据着绝大部分的市场份额。由前瞻产业研究院整理的数据可知，CBA的赞助收入占总收入的90%，有5%是门票和衍生品收入，还有5%是转播权收入；而在广州马拉松的收入中，有79%的赞助收入，16%的政府补贴，还有5%的门票和衍生品收入。

反观国际上发展得较为成熟的体育赛事运营项目，门票及衍生品收入和转播权转让收入占据着较大的市场份额。根据前瞻产业研究院的数据可知，英超的赞助收入占30%，而转播权收入占46%，门票及衍生品收入占24%。再如，NFL的赞助收入仅占14%，转播权转让收入占57%，而门票及衍生品收入占29%。因而，我国体育赛事的盈利模式有待改进。

三、马拉松赛事的发展

近年来，我国举办的职业体育赛事、业余体育赛事的数量大幅增加，民众参与体育赛事的热情高涨。2018年，中国境内举办马拉松及相关运动规模赛事（800人以上路跑赛事、300人以上越野赛事）共计1581场，其中马拉松赛事数量为183场。参加马拉松及相关运动规模赛事累计达到583万人次，其中马拉松参赛规模265.65万人次，半马参赛规模180.42万人次。2019北京马拉松报名人数超过16万人，中签率只有16%左右，再创历年来的新低。

2019年，人民网舆情数据发布了《2019马拉松传播报告》，从人群图谱、赛事群像、赛事特征、发展趋势和疫情之后的马拉松展望五个方面，对2019年中国马拉松发展进行了总结，并对未来行业发展形势进行了分析。

从马拉松比赛关注人群的年龄分布来看，近半数为20~29岁，比例高达47.7%，马拉松比赛的关注者呈现年轻化趋势。同时，马拉松赛事微博粉丝性别呈现男多女少分布，男性约占70%。

在赛事群像方面，2019年，全国共举办355场马拉松A、B级赛事。综合新闻网站、论坛、博客、报刊、微博、微信、运动App等媒介平台数据，江苏、浙江、广东三省是举办马拉松赛事最多的省份。除了北上广深四大一线城市及各大省会城市的马拉松赛事外，更多的三四线城市也开始加码涉足马拉松赛事，马拉松赛事正在逐渐下沉。

马拉松参赛人数不断增长，马拉松运动消费额占人均可支配收入比例明显提高。到2019年，全国马拉松赛事场次（800人以上规模）达到1900场，中国田径协会认证赛事达到350场，各类路跑赛事参赛人数超过1000万人次，马拉松赛事出现了"一票难求"的状况。

中国所举办的马拉松赛事，绝大多数是业余赛事。跑步和跑马拉松不再是一项简单的运动，而是一种阳光健康、积极向上的生活方式。庞大的马拉松参赛人数构成了马拉松赛事的消费群体，形成了马拉松赛事庞大的市场规模，促进了马拉松赛事的发展，拉动了运动App、户外运动产品等相关产业的发展，促进了当地经济的发展。

四、电竞赛事的发展

电竞赛事在中国发展迅速。电子竞技是年轻一代喜欢的休闲娱乐活动，各大游戏公司也组织了各种电竞项目，参与和观看的人数非常多。美国Riot Games公司开发了《英雄联盟》，并开办与之相关的全球赛事，该赛事自2011年开始举办，至今已经举办12届。2017年《英雄联盟》全球总决算在北京国家体育场举行，门票价格在280~1280元，约有4万人购买了门票现场观看赛事。

根据《2017年移动电竞市场规模研究报告》，过去几年，中国电竞市场高速成长，市场规模从2015年的321.3亿元增加到2017年的799.6亿元。2022年中国电竞市场规模达到1579亿元。电竞游戏研发、电竞赛事服务、电竞自媒体、电竞职能培训等产业所构成的电竞产业链日益完善。电竞赛事也有可能成为城市名片，为城市经济发展做出贡献。

五、体育赛事与互联网的融合

"互联网+"被纳入国家顶层设计，利用"互联网+"推进体育产业发展、促进全民健身广泛开展已势在必行。随着体育健身APP、体育物联网、智能运动装备、体育电子商务、体育网络媒体、VR等技术的发展，体育爱好者能够在网上购买体育用品、观看体育赛事、与自己喜爱的赛手互动，促使体育产业的发展形成新业态、新商业模式、新盈利模式。

2018年"双11"，中国体育人群互联网线上体育用品消费额相较2017年"双11"体育销售额有所增加，涨幅达17.6%，平台交易人数也进一步上涨，涨幅为11.4%。受2020年初的新冠疫情影响，居民对健身器材的线上需求量增加，2020年1—6月，苏宁体育的体育用品销量同比增长161%，其中健身器械、跑步机、瑜伽用品等家庭运动器材的销售量同比增长分别为291%、168%、135%。

2019年，在苏宁体育直播的赛事中，单场最高观赛人次达到4626万，该赛事平台日活用户1780万，月活用户7880万。2020年，苏宁体育免费提供160场赛事，使得中超新赛季中的观赛人数超过8000万人次，相比上赛季增长9.6%，新增用户数占比超过23.6%。因而，线上观看赛事已经成为众多中国体育赛事爱好者主选的赛事消费模式。

六、体育竞赛表演产业和其他产业的融合发展

在复杂的市场环境下，人们休闲娱乐的需求呈现多元化、趣味化。体育竞赛表演产业应与其他产业融合，实现跨界发展，这有助于体育竞赛表演产业的快速发展。目前，国家政策大力推动体育与医疗融合、体育与旅游融合、体育与教育融合。此外，体育赛事与媒体融合、体育赛事与泛娱乐融合、体育训练与健康融合都将创造多元化的市场，满足消费者多方位的需求。

建设体育服务综合体、运动休闲特色小镇，实现一体化的赛事、健康、休闲、娱乐综合服务，从而促进体育竞赛表演业和其他产业的共同发展。河南嵩皇体育小镇位于河南登封嵩山，依托秀美的三皇寨风景区，融合体育、航空、旅游等产业，将赛车、登山、航空等培训项目与旅游、住宿、养生等

产业融为一体，该特色小镇已经成为一个涵盖多种元素的户外体育运动主题公园。

《国家体育总局办公厅关于推动运动休闲特色小镇建设工作的通知》下发后，全国各地开始建设各种体育小镇。其中，赛事型体育小镇是体育小镇建设的主体内容，目的是以体育赛事为核心，融合与赛事有关的如物流、直播、翻译、餐饮、住宿等服务，同时也提供休闲体验活动，将运动比赛与旅游休闲结合。赛事型体育小镇的建设促使中国体育赛事产业独具中国特色，获得更有利的发展条件。

第四章 体育竞赛表演产业的效益

第一节 体育竞赛表演产业的经济效益

从表面上看,赛事和经济是完全不相关的两件事,但是体育赛事的影响力与经济效益高度相关,特别是国际知名、国内知名的体育赛事的影响力及体育明星的影响力,能为赞助商家带来巨大的营销效应。城市和政府通过举办重大赛事,改善了城市基础设施和城市文化,增加了就业岗位,促进了城市旅游产业和体育产业的发展,使得城市经济收入在短期内有了较大的提升。商家、社会团体等组织机构依托体育赛事的影响力不断运作,扩大了自身组织的影响力,树立了自身的优良形象,获得了公众的信赖,扩大了组织的知名度,开拓了市场,获得了盈利。体育明星和运动员也会因为参与赛事、拿得好名次而名声大噪,受到商家的青睐,从而获得不菲的代言费。赛事的举办和赛事的结果都会影响商业投资者的收益,从而将赛事和经济紧密地结合起来。

一、体育赛事的经营收入

体育赛事以比赛竞技为核心内容,是赛场上运动员之间相互竞技、相互较量的过程。体育赛事是以运动竞赛为核心的一系列社会活动和经济活动。体育赛事活动包含两类:一类是赛事本身的活动,目的是尽可能举办高质量的赛事,包括赛事的筹划、准备、实施、收尾等活动;另一类是赛事推广的活动,目的是吸引更多的观众观看赛事,获得更高的盈利,具体的活动有门票促销、运动员包装、媒体宣传、赞助和广告策划、衍生品开发等。

由于体育赛事提供赛事服务和赛事衍生品,所以,体育赛事的举办既要受到竞赛规则的约束,还要受到传统习俗、文化背景等多种因素的影响。在当今社会,促进体育运动项目的发展、取得优异成绩、丰富社会文化生活、增强人民体质仍然是体育赛事的直接目的,而获得商业利益、拉动经济快速增长则成为举办体育赛事的间接目的。体育和经济已密不可分，经由赛事组织企业和官方机构与时俱进的运作，体育赛事的效益越来越高，成为一种盈利性服务产品，能够为赛事组织者带来可观的收入。赛事的收入通常包括为举办地带来的旅游收入、餐饮住宿收入，以及赛事转播权收入、赞助收入、门票收入、衍生品收入等。

1. 旅游收入

体育赛事举办地往往依托知名赛事吸引许多外地游客，拉动当地的旅游业，增加在赛事举办期间的旅游收入。法国在2016年举办了欧洲杯，这为法国带来的收入为12.2亿欧元，其中6.26亿欧元的收入都来自欧洲杯观众和球迷来法国旅游所产生的消费。在欧洲杯举办期间，有61.3万名外国游客来到法国，这些游客平均住宿8天，每天平均消费约154欧元。2000年悉尼奥运会期间，澳大利亚接待的海外游客增加了约50万人，为澳大利亚带来了约42.7亿美元的旅游收入。

2. 转播权销售收入

转播权销售收入是体育竞赛表演产业的最重要收入来源。2016年法国欧洲杯的转播权收入为10.5亿欧元，占到欧洲杯总收入的一半。美国NFL的一半收入也来自转播权收入。NFL每年从CBS、NBC和FOX公司获得30亿美元的转播权收入，从ESPN每年获得19亿美元的收入，从其他电视台每年获得20亿美元的收入。NFL一年的转播权总收入约70亿美元，在体育赛事转播权收入中首屈一指。

3. 商业赞助收入

商业赞助收入是体育赛事的重要收入来源。自1984年，洛杉矶奥运会打开赞助营销的先河以来，赞助收入就成为奥运会最重要的收入来源了。从1985年起，国际奥委会将赞助商分为三大类：TOP赞助商、官方赞助商、官方供应商。每类都有相应的经营权。2020年东京奥运会虽然受席卷全球的新冠疫情的影响，推迟到2021年夏天举办，但是奥运赞助收入却创历史新高，本土赞助商的赞助总额达到了33亿美元。

4. 衍生品收入

赛事衍生品是指与赛事有关的特许经营产品，既有与赛事关联度非常高的产品，如纪念品、运动服饰、设备器材等，也有和赛事关联度很低的产品，如食品、日常用品和服务产品等。自1920年安特卫普奥运会首次发行纪念邮票、1951年赫尔辛基奥运会首次发行奥运纪念币以来，历届奥运会都会发行奥林匹克纪念币和纪念邮票等周边产品，衍生品逐渐成为奥运会主办国稳定的收入来源。除了邮票和纪念币等主流收藏品外，一些另类衍生品的销量也很好，例如，奥运主题彩票、奥运手机等。

5. 门票收入

门票收入相比转播权销售收入和赞助收入来说，占比较少，但对赛事组织方来说也是非常可观的一笔收入。1996年亚特兰大奥运会的门票收入为4.25亿美元，占该届奥运会总收入的25%。2016年的里约奥运会，门票收入达到19.6亿人民币。在美国，NFL的比赛最受关注和追捧，每场比赛的现场观众大约有7万名，2020年超级碗的门票价格超过1万美元，门票收入相当可观。

6. 文化传媒收入及其他收入

体育赛事也是一种文化，伴随赛事的举办，赛事举办方或举办城市也会推出一些文化活动，获得一些收入。2012年伦敦奥运会期间，英国组织了"伦敦2012文化节"，25000多位艺术家参与了12000多项表演，还有约2000万人参与了各种文化活动，其中有300万人参与了付费的文化活动。

7. 代言收入

著名运动员或球队的代言收入也是体育竞赛表演产业的一项收入。在第一届奥运会上，美国运动员詹姆斯·B.康纳利在获得三级跳冠军后，为了挣够回家的旅费，为某止痛剂做广告，使得该药大受人们欢迎，开创了奥运冠军为企业做广告代言人的先河。中国网球运动员李娜在取得大满贯后，其代言身价达到了2亿人民币。

二、体育赛事经营的特征

1. 赛事经营具有周期性

体育赛事的举办具有周期性，比如奥运会、亚运会是每4年举办一次，美国四大赛事联盟的比赛、欧洲足球五大联赛、四大网球公开赛都是每年举办一次，赛事都在相对固定的时间举办，都存在休赛时期。休赛时期可以给体育赛事的举办者、参与者和经营者预留足够的准备时间。对于赛事举办者和经营者来说，可以在休赛时期进行赛事消费市场的调查和研究、做好体育赛事的经营规划和筹备。对于赛事参与者来说，可以加强训练，研究竞技战术。赛事经营不能只看重短期利益，应看重长期利益，只有在休赛期间充分做好举办赛事的准备，为观众呈现高质量的赛事，才能让观众期待着观看下一届比赛，赛事观众多了，赛事影响力大了，才能保证赛事的可持续发展，才能获得更高的利益。

2. 赛事经营兼有垄断性和完全竞争性

体育赛事的举办和经营单位一般是独家的，具有垄断性，例如，国际奥运会组织对奥运会具有专营权，国际足联（FIFA）对世界杯、欧洲杯等各种足球赛事具有专营权。赛事的专营权保证了赛事举办方统一协调赛事参与者，通过垄断运作获得超额利润。但是参与赛事的运动队或俱乐部在参与赛事和签约运动员时又是完全竞争的，运动队、运动员、俱乐部非常公平地参与赛事，赛场上的公平让比赛更激烈、更精彩、更有悬念、更吸引观众，为赛事获取更多的盈利。

3. 赛事产品的服务性

竞赛表演是一种娱乐性服务，其娱乐效果与电影、电视节目相似，具有明显的非实物产品的特征。赛事观众通过观看赛事和追捧明星运动员或运动队，将在精神上得到满足和享受。因而，现代社会的体育赛事经营者不遗余力地通过各种方式宣传赛事，通过各种电子技术提高观众的视听感受，让比赛场面更震撼、更具有个性化，让赛事观众在精神上更愉悦、更激动、更振奋、更有归属感。

4. 赛事质量和结果的意外性

赛事观众愿意观看赛事是受好奇心和期待感驱动的。赛事的级别、参赛运动员的技术和状态、教练的战术选择、场地状况、天气情况等都影响着赛事精彩度和赛事结果。赛事越精彩越能够吸引观众，赛事结果越难以预测，越能够激发观众的好奇心，增大赛事的影响力。因而，赛事举办方和经营者在赛事举办前总是会营造强烈的悬念气氛，引起观众们强烈的观看欲望，让观众们翘首以待。

三、体育赛事的经济效益

（一）体育赛事的短期经济效益

拉动一个地区经济增长的三大驱动力是投资、消费、出口。大型赛事的举办将增加当地的投资、消费、出口，促进当地的短期经济效益。

1. 举办体育赛事吸引了投资

举办赛事要有相应的赛事场馆和设施与配套服务。首先，赛事的举办必须在符合要求的、标准的体育场馆中，这些场馆的建设需要大量的资金投入。其次，赛事举办要有配套的设施，包括运动员居住设施、交通设施等。最后，赛事举办要有配套的服务，例如，开幕式表演、志愿者服务、餐饮娱乐服务等。为了举办奥运会，各国都会投入大量资金建设奥运场馆和支付配套服务的支出。根据英国《独立报》网站报道，2012年伦敦奥运会投入了84亿英镑，这些资金被用于安保、交通、开闭幕式及建设奥运场馆和奥运村，这笔费用的来源有公共部门的补贴、伦敦奥组委通过赞助商和门票销售所筹集的资金。因而，大型赛事的举办会在短时间内加大投资，加速当地经济的短期发展。

2. 举办体育赛事增加了消费

在赛事举办期间和举办前后的短期内，参赛运动员和赛事观众将会在举办地形成餐饮、娱乐、交通、住宿、旅游等方面的消费需求。在2018年足球世界杯期间，俄罗斯实施了FAN ID计划，持有世界杯球票的球迷在申请FAN ID后可以在6月4日—7月15日免签进入俄罗斯，并于7月25日前离境。在免签入境期间，俄罗斯酒店的预定数量比2017年同期增长了39.6%。在世界杯期间，全世界约有62.9万名境外球迷到俄罗斯观看比赛和旅游，在短期内增加了餐饮、住宿、旅游、交通等消费需求。

3. 举办体育赛事促进了出口

举办体育赛事所形成的经济往来贸易是通过赛事举办期间外国运动员、外国球迷和外国游客购买东道国产品和服务而形成的如旅游纪念品、当地特产等。此外，赛事举办方向国外媒体销售赛事转播权，向国外企业销售广告时段、广告位，这些也都构成赛事出口。2018年俄罗斯世界杯的广告费收入达24亿美元，中国企业投入的广告费占比超过三分之一，为8.35亿美元，此广告费是美国企业广告费的两倍。在中国企业中，海信、万达、VIVO、蒙牛在俄罗斯世界杯上投入的广告费用占据前4名。

（二）体育赛事的长期经济效益

体育赛事对地区经济增长的影响不单单是短期的，还是长期的，对基础设施投资、消费、就业、产业结构、经济政策都有影响。

1. 举办体育赛事促进长期投资

在赛事举办前，当地需要投入大量的资金建设体育场馆和配套设施。在赛事举办后，体育场馆的建设还会逐步完善或改造，以提高体育场馆的利用率，为社会公众服务，发挥更大的社会价值。北京奥运会的许多场馆分布在各个高校内，奥运会举办完之后，就对其进行改造成为学生和周边居民的运动场所，有的场地还被改造成举办大型庆典的场所。许多体育场馆的配套设施也是在赛事后逐步完善的，这些后期建设项目都增加了后期投资。

2. 举办体育赛事长期影响消费

体育赛事举办地和举办场馆会形成某种文化特征或有纪念意义的旅游名胜，这些体育旅游胜地的影响深远，也增加了当地的旅游收入。北京奥运会结束后，水立方和鸟巢（国家体育场）都成为中国著名的体育旅游胜地，平均每天接待约1万名中外游客。此外，赛事举办还长期影响消费理念。北京为了举办绿色奥运会，不断改善北京的生态环境，逐渐增加绿色能源的使用，不断增加电动汽车的消费，并提倡公共交通。

3. 举办体育赛事改善了主办地的经济结构

一个地区要成功申请体育赛事举办权，必须在环境与经济的众多指标上达到甚至领先国际水平。为了达到赛事的各项指标，主办地的经济结构将会有所变化。北京第一次申办奥运会没有获得成功，最主要的原因是生态环境指标没有达到举办奥运会的要求。因而,北京市政府痛下决心将重工业搬离北京,在北京着重发展电子、网络、动漫等不产生环境污染的高新技术产业,改善了北京产业结构。北京的空气质量在达到了举办奥运会的标准后,成功申请到2008年奥运会的举办权。一个地区对知名体育赛事的申办过程和举办过程,也是这个地区政治、经济、文化不断完善和发展的过程。当赛事成功举办后,这个地区的综合经济发展能力将会提高,具备了强劲的经济发展动力。

4. 举办体育赛事提升了举办地的就业率和劳动生产率

体育赛事的成功举办需要大量的素质较高的人员参与,这种人员需求提高了举办地的就业率和劳动生产率。当今社会,人口不断增多,企业竞争激烈,使得员工的就业压力不断加大,而举办大型体育赛事能为主办地增加工作岗位,提供更多的就业机会。每年上海F1赛事举办期间,能提供至少10000个工作机会,而且在方圆200公里和长三角地区内增加了就业岗位。2016年法国为了举办欧洲杯,在场馆建造及翻修工程项目上提供了2.6万个就业岗位,旅馆业、餐饮业、安保业、信息业增加了2.8万个工作岗位。为了成功申办和举办赛事,举办地的各类人员必须努力提高自身业务水平,学习国际先进技术和先进经验,为圆满完成体育赛事做好充分准备。当体育赛事举办过后,举办地很多人员的业务能力得到了很大提升,提高了举办地工作人员的劳动生产率,进一步促进举办地的经济增长。

(三) 促进相关产业的发展

体育产业是连带性很强的产业,体育产业发展能拉动相关产业的共同发展,尤其是带动零售业、饮食业、旅馆业、旅游业等产业的发展。

1. 促进旅游业的发展

游客齐聚赛事举办地欣赏比赛,促进了该地旅游业的发展。F1赛事来到中国后,每年比赛期间带来约数十万国内外游客,这些游客带来了数10亿人民币的消费额,间接地带动了我国或地方旅游业的发展。地方文化和良好的服务在给游客留下深刻的印象后,他们将会对举办地进行宣传,为举办地建立良好的口碑,不仅促进举办地旅游业的发展,而且促进了周边地区旅游业的发展。F1上海站比赛不仅进一步拉动了上海的旅游业，还辐射到长三角地区的旅游业，为整个长三角地区的旅游业提供了快速的发展机遇与挑战，使得该地区不断提升服务质量，促进旅游业的发展。

2.促进餐饮、住宿、零售业的发展

赛事举办地要接待大量的观众和游客，要提供高数量、高质量的饮食、住宿、零售服务，促进餐饮、旅馆、零售业的快速发展。广东省亚运会、九运会的成功举办，拉动了广州市住宿业、餐饮业的发展。九运会举办期间，餐饮业推出了"快乐健康九运会，美食迎佳宾"等一系列美食文化活动，吸引了成千上万的参赛者和观光旅游者，促进饮食文化交流，提高了大多数餐饮单位日均营业的收入，优化了餐饮业的服务质量，提升了饮食品质，从而促进餐饮业的发展。在住宿业方面，入住率甚至高达100%，邻近比赛的区域一房难求，商场超市零售额也大幅攀升，特别是酒水、地方特色小吃、地方民族特色文化产品的销售额大量增加，促进了广州零售业的发展。

3.促进广告业、房地产业的发展

体育赛事的举办促进了广告业和房地产业的发展。在现代社会中，电视、网络等媒体是体育赛事宣传的主要手段，现代化的数据网络技术使得比赛现场实况和信息能及时地通过网络、电视、电脑、手机传播到世界各地，从而吸引数以万计的观众及时观看。在观赛过程中，赛事场地的广告牌、赛事间歇插播的电视广告和网络广告将产品信息无缝传播给观众，加深了观众对广告产品的印象，起到很好的广告效果。从赛事准备到赛事结束期间，赛事场馆周边的房地产价格和成交量都会提升，促进了房地产业的发展。广州九运会后，奥林匹克体育场、比赛场地等附近的房产价格均有上涨，房屋成交量明显上升，促进地方房地产业发展。日本政府也想通过举办2020年东京奥运会而振兴日本的房地产行业，但由于新冠疫情的发生，事与愿违。

4.促进体育赛事产业的后续发展

大型体育赛事的成功举办使得人们能够更加全面地认识到体育运动的益处和内涵，对全民健身体育运动的推广和体育文化事业的发展具有积极的意

义。中国通过举办2008年奥运会,提升了中国居民的健身意识,参与体育锻炼的人口数量不断增加,居民改善了体育消费观念,扩大了体育消费需求,促进了体育健身业、体育培训业、体育用品业的发展。

第二节 体育赛事的社会效益

一、体育赛事对城市建设的优化作用

1. 优化城市公共基础设施建设

成功举办大型赛事必须配备具有现代化水准的体育场馆,必须具备先进完善的交通、通信、餐饮、住宿、旅游等配套设施。体育场馆和配套设施的完善能够优化城市建设。体育建筑物的社会容量大,里面的设施和功能相对比较完善,在国际上有一定影响水平,其建筑风格、形式等方面都有各自的特点,常常成为国家或地方城市建筑物的标志。举办大型体育赛事已经成为主办城市公共基础设施改善和公共事业发展的良好契机,是加快城市建设、经济建设、文化发展的助推器。

法国成功获得欧洲杯举办权后,法国政府及各举办城市联手投入了20多亿欧元用来新建和修缮球场、升级改造周边基础设施。广东省九运会投资达620亿人民币,用于基础设施的建设和改善,有效地改善了过去杂乱与拥挤的城市面貌,城市整体管理水平大幅提升。北京更是史无前例地投资了1800亿人民币,确保了2008年奥运会142个项目的重点建设,进一步缩短与国外同等大城市之间的距离,较大提升城市综合面貌。2008年奥运会帆船比赛在地方城市青岛举行,青岛市在建设铁路、优化海上交通、提升信息和通信、改善生态环境等方面投资200多亿人民币,高效地推动了地方城市建设,增强了城市软实力,改善了城市环境,提升了城市品质。

2. 拓展城市空间

举办大型体育赛事需要建设一批现代化的体育设施,这些设施的选址、建设和后期的运营,对拓展城市的发展空间具有重要作用。2019年,在郑

州西郊落成的郑州奥林匹克体育中心（以下简称"郑州奥体中心"）是第11届少数民族传统体育运动会的主办场地。郑州地铁14号线及郑州地铁6号线在民运会开幕前建成通车，方便观众前往赛场。郑州奥体中心和文博艺术中心、市民活动中心、郑州现代传媒中心是郑州新建的市民公共文化服务区"四个中心"项目，拓展了郑州市的发展空间。

3. 提升城市管理水平

举办大型体育赛事需要城市的公安、交通、通信、环保、园林绿化、志愿服务等多部门协同配合，考验着一个城市的管理水平。实践证明，经过大型体育赛事的历练，一个城市的综合管理水平、各部门协同作战能力都会得到大幅提升。

二、体育赛事对城市文化的改善作用

通过举办体育赛事，能够打造城市风格、传播城市品牌、提高市民对城市的归属感和认同感、为城市打造健康活跃的生活方式。参加体育锻炼能够强身健体、陶冶情操，体育精神能够催人奋勇前进。成功举办大型体育赛事是城市综合实力和竞争力的体现，是对城市综合能力和市民素质的认可，是提高城市凝聚力和协整能力的有效手段，是培养市民责任心、提高市民综合素养的有效方式，是改善城市文化、塑造城市品牌的重要机遇。在比赛期间，服务于交通、安保的志愿者以诚挚热忱的态度、高质量的服务水平来迎接比赛和接待游客，让来宾们感受到友善、热情、奋进向上的城市文化。

1. 有利于提升城市形象

许多城市把举办大型体育赛事作为城市营销宣传的重要途径。体育比赛通过新闻媒体、报纸、互联网等进行专题报道和跟踪报道，有针对性地对举办地城市的历史、地理、人文进行了全面的宣传，提升了城市的知名度，展示了城市的形象，扩大了影响力，尤其是奥运会这样的大型赛事对城市乃至国家的影响效果表现得更加明显。例如，张家口市借助冬奥会的举办，提升了城市知名度和城市形象。

2. 有利于构建和谐社会

举办地为了向世界或者全国展现自己良好的地区形象，会加大精神文明建设，努力提高举办地人口素质。地区成就感、国家荣誉感及更快、更高、更强的体育精神，会长期地存在并升华为举办地的地区文化。这种文化特征激励人们持续保持乐观、勤奋、维护地区荣誉的精神，提高当地居民的整体素质，有利于构建和谐社会。

3. 有利于促进文化交流

举办大型体育赛事为文体表演与文化交流构建了很好的平台。举办开幕式和闭幕式将邀请著名演艺界人士到场助兴，吸引不同国家、地区、民族的游客到主办地观赏文艺表演和进行文化交流。通过体育赛事搭建的有利条件，有效促进各种文化交流与融合，加深不同种族、不同民族之间的文化了解。2019年9月，郑州在举办第十一届少数民族传统体育运动会期间，还举办了民族大联欢文化活动，促进了中国各民族之间的文化交流，加强了民族团结。

4. 有利于培训竞技体育后备人才

大型体育赛事不仅为运动员提供了展示高水平体育技能的机会，也为运动员、教练、体育管理者搭建了学习和交流的平台，促进了体育后备人才的培养。首先，运动员通过参与体育赛事积累了比赛经验、明确了自己的优势和劣势，在以后的训练中会尽量补齐自己的短板、发挥自己的优势，为下一次比赛取得好成绩而努力。其次，体育教练通过参与体育赛事，提升了教学技能和丰富了训练经验，为科学选拔和培训后备人才打下基础。最后，体育管理者在赛事承办过程中能够获得体育赛事组织、后备人才培训的管理经验，提升体育管理技能，为竞技体育事业可持续发展打下良好基础。

5. 有利于大众体育的发展

大型体育赛事的举办使民众得以认识体育，加强体育锻炼有利于建立健康的重要意识和理念，刺激和鼓励大众体育的发展。2008年北京奥运会的举办使得大众健身的理念在全国传播开来，民众开始利用公共体育设施和公共器材，参与跑步、走路、打球、跳舞等各种体育活动。各地举办了本市的马拉松赛事，吸引了许多本地市民和外地市民参加。此外，各种组织机构开始举办运动会，鼓励职工参加。国家体育总局发布的《"十四五"体育发展规划》提出：在"十四五"期间，坚持线上线下结合、传统新兴并举，开展群众喜闻乐见、丰富多彩的全民健身赛事活动，举办全运会群众赛事活动和全国社区运动会,丰富全民健身赛事活动供给,以推动全民健身活动。

第三节 大型赛事和业余赛事的运营困境及策略

一、大型赛事的运营困境及策略

(一)大型赛事的运营困境

政府官员常常认为承办大型体育赛事能够促进就业和消费、提高投资,从而拉动经济发展。然而,现实经常难如人愿。根据以往举办大型赛事的结果发现,举办大型赛事的投入远远大于预算,赛事收入远远低于赛事投入。

1. 大型赛事对股市影响不大

在大型赛事举办前,赛事主办国的股市反应并不明显。当奥委会宣布2000年奥运会将在悉尼举办时,澳大利亚股市并没有反应。北京奥运会申办成功后,虽然上证指数在一周内处于上升趋势,但之后就回到原位。在1996年至2012年的每一届夏季奥运会和冬季奥运会(以下简称冬奥会)申办成功的消息公布时,夏季奥运会承办国的股市没有显著反应,而冬奥会承办国的股市却有显著的负面反应。

2. 大型赛事的短期收益并不明显

(1)赛事直接收益难以弥补赛事开支

大型赛事产生的直接收益都必须与国际体育管理机构分成,分给主办城市的收益只占较少的比例,这些直接收益很难弥补举办赛事的开支。温哥华冬奥会的直接收益是16亿美元,但是开支为76亿美元。

(2)就业效益不高

巴德(Baade)和麦森(Matheso)指出,赛事场馆建设工程仅在经济短期衰退期可以作为一项有效的扩张性财政政策。但是,对于一个正常经济体,大型赛事场馆的建设可能会与其他经济组织竞争劳动力,反而提高劳动力成本，而且这种工程建设只会在短期内提高就业率，并不能长期提供就业岗位[1]。

（3）服务业的收入不如预期的高

大型赛事会对日常的服务业需求有挤出效应。常规游客预计到赛事带来的拥挤、管制和涨价时，会选择不去举办奥运会的城市，到其他城市去旅游。北京和伦敦奥运会期间，北京和英国的游客人次都较前一年同期下滑。根据加拿大统计局的报告，在温哥华举办冬奥会当年，不列颠哥伦比亚省旅游业的从业人数下降1.1%，而过去五年每年旅游业就业人数增长3.2%。

（4）自然灾害对大型赛事的举办影响较大

由于大型赛事常在室外举行，观众聚集较多，从而影响大型赛事的举办。2021年5月的甘肃白银市举办了山地马拉松百公里越野大赛，在赛事进行过程中，突遇大风、降温、降水，造成21名参赛选手死亡，8人受伤。2020年席卷全球的新冠疫情导致世界上一些著名赛事的收入都大打折扣。2020年东京奥运会被迫推迟到2021年举行，在举行期间没有观众、没有游客，减少了奥运收入。NBA2019—2020赛季的总收入为79.2亿美元，与2018—2019赛季相比收入减少了8.4亿美元，下降了9.6%。NHL2019—2020赛季的总收入为43.7亿美元，比2018—2019赛季的收入下降了14.2%。

3. 大型赛事遗产的收益不容乐观

大型体育场馆主要用于公益体育事业，几乎不产生经济效益。国际奥委会对奥运设施的建设标准要求非常高，这就使得建设和维护奥运场馆要花费非常高的成本，一般的机构难以维护奥运场馆的正常运营。北京"鸟巢"每年的维护费用为1000万美金，奥运会结束后仅仅偶尔举办演出和赛事，旅游收益也不好。即使是北京国安这样有名的中国足球俱乐部，因为观众人数较少，也不愿意将"鸟巢"作为主场。

4. 大型赛事对旅游业的影响有限

虽然大型赛事可能起到宣传当地旅游业的作用，但这种宣传效果的产生

---

[1] Baade R A, Matheson V A.Going for the Gold: The Economics of the Olympics [J]. The Journal of Economic Perspectives, 2016, 30 (2): 201–218.

需要一定的条件。首先，举办大型赛事的城市应该有比较悠久的文化底蕴，这些文化能够吸引旅游者。举办过奥运会的城市大多是在具有历史文化的城市，例如，巴黎、伦敦等城市。其次，举办大型赛事的城市一般都有丰厚的自然旅游资源，风景秀丽，能够让旅游者欣赏自然风光，例如，风景怡人的旅游城市悉尼。再次，举办大型赛事的城市一般会因为某种事业而闻名于世。例如，美国的洛杉矶以高科技闻名，将举办2028年的奥运会，这将吸引众多游客。最后，举办大型赛事的城市一般都是某个国家的首都或者某个地区的中心城市，例如，日本东京、美国的亚特兰大。所以大型赛事对旅游业的宣传作用只是锦上添花，必须是举办城市有可供旅游的人文景观、值得被关注的事业时才能起作用。

（二）大型赛事的运营策略

提高大型赛事的收益要从节约赛事成本、增加赛事收益、增加场馆长期收益等几个方面来着手。

1. 大型赛事举办地应有较为完备的多功能体育场馆

大型赛事的举办需要高标准的体育场馆。在中国新时代发展时期，体育强国建设已成为国家战略，在规划城市建设时就要根据体育强国战略规划好大型赛事场馆的建设，并建设相应的配套设施。根据现代科技，将大型赛事场馆设计成多功能场馆，在大型赛事结束后能够满足职业体育训练、全民健身、体育培训、休闲娱乐活动、举办大型活动的需要，以便于通过赛事场馆的长期运营增加收益，也为下次举办大型赛事提供现成的场馆，避免重复建设，节约建设成本。

2. 举办地的基础设施需相对完善

大型赛事举办地的基础配套设施相对比较完善，不用为了举办赛事而另建配套设施。目前，大型赛事的举办地一般都会选择配套设施比较完善、发展比较成熟的城市，比如举办国家的省会或世界闻名的大城市。大城市为了发展经济、文化，在平时会投入大量的资金建设基础设施，以便于商务旅游、景观旅游、文化旅游，比如上海、广州、武汉、成都等城市的公共交通、住宿、餐饮都十分方便，在举办大型赛事时，不用额外建设更多的配套设施，只需在原有配套设施基础上加以改善，从而降低基础设施的建设成本。

3. 增加大型赛事举办国的赞助营销

在举办大型赛事时，举办国企业的赞助收入的绝大部分都归于举办地，因而应加大宣传力度，吸引更多的东道国企业提供赛事赞助。由于新冠疫情，2020年东京奥运会不得不空场运营，这是历史上唯一一届没有观众的奥运会，导致此届奥运会不能获得观众带来的门票收入和旅游收入，但是在此届奥运会的81家赞助商中，有67家是日本本土赞助商，日本本土企业贡献了33亿美元的赞助收入，约占总收入的49.3%，成为2020年东京奥运会中最为可观的收入。

4. 大型赛事举办地的旅游资源丰富

大型赛事举办地应有丰富的旅游资源，才能吸引全世界更多的观众到举办地来参观旅游，产生更多的旅游消费，增加旅游收入。成都有许多中国古时留下的文化景观（比如都江堰、乐山大佛等），也有现代建设的人文景观（比如宽窄巷子、熊猫培养基地），还有美丽的自然景观（如九寨沟）。因而，当成都举办2021年世界大学生夏季运动会时吸引了国内外众多游客。随后，2022年成都还举办了射击世界杯、世界乒乓球团体锦标赛，2023年举办了亚足联亚洲杯，2024年举办了羽毛球汤尤杯等国际赛事，这都将连续增加成都的旅游收入。

5. 与彩票业融合发展

中国体育彩票在2001年设立了足球竞猜型彩票，足球彩票的收益连年上涨，现在足球彩票的收入已经超过了其他类型的体育彩票收入，为中国的体育场馆建设和赛事举办提供了大量的资助。

二、业余赛事的运营困境及策略

（一）业余赛事的运营困境

不论是国内还是国外，业余赛事的参与者较多，但知名度较低，观众较少，很难获得赛事转播权的收入、门票收入，因而业余赛事的经营面临着困境。

1. 美国的高中联赛

美国国内有很多不同种类的高中联赛，加州联赛、市联赛、国家联赛等，学校可自主选择参加不同的联赛。

美国高中会根据学校特色组织不同项目的球队，如组建橄榄球队、棒球队、篮球队等。学生们可根据自己的兴趣报名参加一个或多个球队，父母都会因为自己的孩子在校队里感到骄傲，也都会鼓励自己的孩子参加各种活动。这些球队会邀请职业运动员或职业教练来做教练，所以高中球队的水平接近职业运动员的水平。学校管理方和社区会鼓励球队参与联赛，社区居民都会观看球队的比赛。若球队在联赛中获得好成绩，社区就会引以为傲，球员的父母也会感到自豪。

高中联赛会有电视直播。大多数州或城市都会有专门的体育频道，用以转播各种体育赛事，其中包括高中联赛。普通的比赛场地都会设有直播间和观众席，每场高中联赛都会有专业的赛事主播和解说，甚至会有专门人员来拍摄集锦。当地的新闻和报纸都会报道联赛战绩。

虽然学校、社区都会支持高中校队参加各种联赛，但是校队的经济来源较少，主要来自学校和社区的投入，以及家长的赞助。而成绩好的球队会获得企业的赞助。虽然高中联赛是非盈利性的，但对于较为贫穷的社区和学校，球队的运营还是比较困难的。

2. 中国的业余赛事

2015年11月13—15日，中国南海乒乓球团体公开赛举行。按竞赛规程规定，所有选手可以不限区域组队参加，参与选手不限国籍、不限身份、不限年龄和不限打法。来自全国18个省、市、区的24支代表队、160名选手报名参赛。赛制采取斯维斯林杯混合团体赛的办法，将赛期压缩至三天，以增加赛事的观赏性、娱乐性。自国务院颁发46号文件后，越来越多的企业和民间组织开始举办赛事，像南海乒乓球公开赛这类民间赛事遍地开花。

赛事数量虽然逐年增加，但是赛事的盈利状况却不容乐观。南海乒乓球公开赛并没有盈利，只能基本保证收支平衡。南海乒乓球公开赛的办赛成本约为80万元，宣传费用占了成本的很大部分。赛事主办方给广东卫视与佛山电视台支付了20万元，以保证公开赛的全程转播。此外，主办方花费近6万元用于户外广告，连续15天在南海大道、桂澜大道的户外LED上进行宣传。

中国民间组织的赛事要想在短期内盈利并非易事，必须经过多年连续举办赛事，形成赛事品牌，通过宣传和提供高质量的服务、高品质的赛事，才能在赛事市场上获得名气和知名度，形成较大的品牌影响力，吸引更多的参赛者和观众，才能满足赞助企业的宣传需要，从而从企业获得赛事赞助，也会获得电视台所支付的转播权收入，实现盈利。但是赛事知名度和品牌度常常需要十数年甚至数十年的积淀，这是很多企业难以坚持的事情。所以民间赛事和业余赛事的运营都比较艰难，需要政府的补贴。

（二）业余赛事的运营策略

由于中国的业余赛事产业还处于起源阶段，除了马拉松赛事发展相对成熟外，其他项目的业余赛事都需要长时间的运营和宣传，才能逐步走向成熟，获得盈利。中国业余赛事运营要从增加赛事参与者、积累名气、扩展知名度做起，逐步向成熟发展。

1. 从中学联赛做起，增加业余赛事的参与者

目前，在体育强国战略和中小学生负担"双减"政策下，中国业余赛事应与中学结合，给中学配备专业的体育教练，培养中学生的体育项目运动技巧，组织成规模的业余中学联赛并且做大做强。鼓励中学生参与联赛，从学生时期就开始培养业余联赛的后备人才和忠实观众，增强观众的归属感和忠诚度。

2. 构建业余赛事联盟，形成独特的联盟文化

从省级、国家级层面构建业余体育赛事联盟，联合各城市的体育代表队或俱乐部形成联盟。构建独特的联盟形象和文化，制定符合社会道德、公平竞争的联盟规则。从联盟中选出道德高尚、技术过硬的代表运动员或代表队作为联盟的代言人，以统一的形象和文化对外宣传。现在观众除了关注遥不可及的明星外，更关注与自己相似的普通人，更愿意对有能力的普通人进行宣传，在自媒体时代，普通人宣传的力量有时比官方媒体更加强大。

3. 利用新媒体多渠道宣传业余赛事

现在社会正处于新媒体时代，报纸、杂志、电视、广播等传统媒体的宣传效果已经远远低于网络视频、微博、网络新闻、网络社交媒体等新媒体的宣传

效果。新媒体时代的最大益处就是人人都可以是新闻主角,人人都可以是新闻信息发布者、人人都可以参与新闻评论,这种交互式新闻比传统媒体更容易引起公众的关注。而且新媒体传播成本是非常低廉的,可以省去业余赛事大量的宣传成本。

4. 争取政府支持

任何一种赛事在举办之初的投入都比较大,但由于赛事不知名而造成收益较少,因而业余体育赛事的举办要争取到政府的人力、物力、财力方面的支持,这样才能以较低成本将业余赛事做大做强,做成知名赛事,形成城市名片,成为城市居民都能参与的不可或缺的赛事活动,让赛事活动和政府形象相得益彰。

第五章　体育竞赛表演产业无形资产的经营

第一节　体育无形资产的概念与构成

一、无形资产

无形资产的概念最早是在20世纪20年代的会计理论中提出的。现在，无形资产已经成为各个企业都比较重视的一种资源。无形资产是指组织拥有或控制以非实物形态存在的、能为组织带来收益的、可识别的非货币资产。无形资产有广义和狭义两种含义。广义的无形资产包括所有能给企业带来收益的受法律保护和不受法律保护的非实物形态的资产，具体表现为商誉、知名度、品牌、应收账款、金融资产、长期股权投资、专利权、商标权、独有的技术、训练有素的员工团队、广泛的社会关系、客户名单、服务合同、战略计划等。狭义的无形资产主要是指受法律保护的非实物形态的资产，具体有专利权、商标权、特许权、著作权、土地使用权。会计上通常采用狭义的无形资产，以便于会计记账。

社会上常见的无形资产有以下几种。

（1）专利权是指国家专利主管机关依法授予专利申请人对其发明创造在法定期限内所享有的专有权利，包括发明专利权、实用新型专利权和外观设计专利权。

（2）非专利技术也称专有技术，是指不为外界所知，在生产经营活动中应采用的，不享有法律保护的，可以带来经济效益的各种技术和诀窍。

（3）商标权是指专门在某类指定的商品或产品上使用特定的名称或图案的权利。

（4）著作权是指制作者对其创作的文学、科学和艺术作品依法享有的某些特殊权利。

（5）特许权又称经营特许权、专营权，是指企业在某一地区经营或销售某种特定商品的权利，或是指一家企业接受另一家企业使用其商标、商号、技术秘密等的权利。

（6）商业秘诀是指企业在经营过程中探索和积累的独有的管理经验或商业模式，这些商业秘诀即使被其他企业模仿，也难以获得与原创企业同样的成功。

二、体育无形资产

体育无形资产是体育组织所拥有的能为其带来效益的非实物形态的资源，属于无形资产的范畴。体育无形资产是通过体育运动实践形成，通过体育市场进行运营，能够为其所有者和使用者产生一定经济效益的资源。近20年来，德甲拜仁俱乐部几乎包揽了所有国内赛事的冠军，包括25座德甲冠军奖盘、18座德国杯、5座大耳朵杯，这些战绩为德国拜仁带来了极高的声誉和知名度，并构成了颇具价值的无形资产及丰厚的收益。2016年德国拜仁的总收入为5.92亿欧元，其中门票收入1.018亿欧元，转播收入1.476亿欧元，赞助营销收入1.698亿欧元，商品销售1.082亿欧元，其他商业活动收入0.255亿欧元，安联球场出租收入0.391亿欧元。转播收入和赞助营销收入为无形资产收入，占总收入的53.6%。拜仁2016年的门票收入比2015年多出0.12亿欧元，这并不是因为增加了观众席位，而是因为有拜仁参与的比赛都是座无虚席、一票难求，所以即使适当提高门票价格，球迷和观众也是能够接受的。

（一）体育无形资产的分类

体育无形资产一般以权利、知识、技术、技能等形式存在。顾久贤提出，体育无形资产可分为知识密集型、权利关联型、人才带动型、场馆依托型等类型[1]。

（1）知识密集型的体育无形资产是围绕体育学科、以特定的体育专业知识或近缘专业知识为核心价值而衍生出经济效益的无形资产，主要包括体育专

---

[1] 顾久贤.创新驱动理念下的体育无形资产的开发与增值方略[J].广州体育学院学报，2017，37（3）：20-22.

利或专有技术及经营秘密，体育组织机构、企业单位和相关团体的商号、商标权、网址和域名，体育版权，体育标志权等。

（2）权利关联型的体育无形资产是围绕一场体育赛事的举办权利、通过与其他经济活动的互动合作而衍生出经济效益的资产，主要包括体育特许经营权、专营权、各类体育赛事的冠名权。

（3）人才带动型的体育无形资产是围绕体育特殊人才而衍生出经济效益的资产，主要包括体育明星的姓名和肖像的使用权、广告代言权、商业代理权，各种体育专业人才所拥有的知识、技能、声誉、人脉等。

（4）场馆依托型的体育无形资产就是围绕体育特色场馆，通过在一定程度上将体育场馆转变为可以开放式利用的社会场所而衍生出经济效益的资产，主要包括体育场馆、赛道、设备、土地等的租赁使用权。

（二）体育无形资产的内容

根据体育无形资产的类型，可知体育无形资产具体包含以下内容。

（1）各级各类体育竞赛表演活动的举办权和经营权。赛事的举办权一般是由体育事业组织审批或者由体育协会组织授予的。经营权具体表现为冠名权、冠杯权、广告发布权、电视转播权，以及竞赛表演活动的名称、会徽、吉祥物等标志的特许使用权和经营权等。

（2）各级各类体育组织、体育团队的名称、标志的专有权、特许使用权和经营权。例如，奥林匹克运动会的五环标志、奥运会合作伙伴的称号都属于国际奥委会的无形资产，要经过国际奥委会的特许才能用于盈利活动。

（3）体育专利和体育专有技术的发明权、使用权、转让权和其他体育科技成果权。耐克公司为了使运动鞋具有良好的减震功能，设计具有气垫的运动鞋，在中国已经申请了50多项关于气垫的专利，这些专利技术让耐克鞋成为运动鞋商品中的佼佼者。

（4）体育组织、团队和个人的声誉、知名度。1984年，健力宝成为中国奥运代表团的首选饮料，当届中国奥运代表团获得15块金牌，金牌总数第四，举国振奋，健力宝也靠着奥运会代表团的声誉一举成名，打开了中国的饮料市场，成为中国红极一时的饮料品牌。

（5）体育场馆、设备的租赁权、土地使用权。由于举办2008年奥运会，鸟巢体育场名声大振，成为北京地标性建筑。依靠奥运会主场的名气，鸟巢体育场馆的租赁收入可观，实现了盈利。

（6）体育彩票的发行权、专营权和销售权。体育彩票的收入是各国体育产业营收中最大的一项收入。体育彩票的发行权、销售权能够为权力所有者带来巨大的利益，因而受到各国政府的严格控制。中国体育彩票的发行权和销售权都在政府手中，体育彩票的收入成为中国体育基础设施建设的主要来源。

（7）职业体育名人的广告权、代理权。许多品牌为了扩大知名度，会寻求职业体育名人代言品牌。百宝力是法国的网球、羽毛球和壁球设备公司。李娜是亚洲第一个网球大满贯的获得者，为百宝力公司代言后，百宝力公司在中国市场上的知名度大幅提升。

（8）由法律、法规规定的或国际惯例承认的其他体育无形资产。体育名人具有影响力和号召力，他们的姓名权、肖像权属于无形资产，具有市场价值。企业要依照法律规定、诚实守信的原则，只有与体育名人或者其代理人、经纪人达成合作协议，才能使用体育名人的姓名、肖像用于市场推广。例如，"真功夫"快餐连锁店采用"真功夫"三个字和酷似李小龙的图标迅速打开了市场，但是这个店和功夫明星李小龙并无关系。李小龙之女李香凝在美国组建了李小龙公司，陆续买回父亲的影片和商标的版权。2019年，李小龙公司将"真功夫"快餐连锁店诉至上海市第二中级人民法院，要求其立即停止使用李小龙形象并索赔2.1亿及维权合理开支8.8万元、在媒体版面上连续90日澄清其与李小龙无关。

三、体育无形资产的属性

体育无形资产既具有无实体性、专有性等无形资产的普遍特征，还具有与体育竞技的高度相关性、时效性、权利性、交易价格不确定性等典型特征。

1. 与体育竞技的高度相关性

体育无形资产常以体育赛事、体育组织、体育明星的知名度为基础，赛事、竞赛团队、运动员的竞技水平越高，知名度越高，所拥有的无形资产价值就越高，市场价值就越高。体育无形资产包括赛事组织者、竞赛团队、体育明星的名称和肖像的冠名权、电视转播权、特许使用权、专有技术、体育场馆租赁权、纪念品销售权等，具有巨大的市场潜力。

2. 时效性

体育赛事的举办权、冠名权、电视转播权及各类标志的特许使用权都有一定的时限，赛事结束后，营销效果就会减弱。体育组织、体育团队、体育明星的名称和标志的特许使用权，体育专有技术的特许使用权，体育彩票的发行权、经销权，以及体育场馆、设施的租赁权，土地使用权等都有合同规定的使用期限，在合同规定期限外，不能继续使用。

3. 权利性

体育无形资产以权利性为主，其价值由法律或政府赋予的权利决定。国际体育组织大多是成立几十年的、知名赛事的开发者、组织者，他们管理着赛事的举办权、电视转播权、赞助权、与赛事相关商品的销售权。国内各个级别的体育协会、体育组织都由国家法律赋予赛事的审批权、组织权，体育管理的政府机构管理着体育彩票的发行权、销售权。

4. 交易价格不确定性

体育无形资产的潜在价值具有较大的不确定性，其交易价格也具有不确定性。体育无形资产的价值不仅受到赛事水平、项目普及程度、赛事结果不确定性等因素的影响，而且受到地方体育法规、体育经济法规的完善程度等因素的影响，还受到体育中介机构的多寡及水平高低、大众媒体的关注度和参与度、国家经济发展程度、外界环境的影响。2020年，突如其来的席卷全世界的新冠疫情不仅打破了奥运会持续百年的赛事传统，也打破了日本政府借助举办奥运会振兴日本经济的计划。2020年奥运会推迟到2021年举行，观众席上除了参赛队员和随行人员外，没有任何观众，没有门票收入，没有衍生品的销售收入，但是赛事转播权和赞助权的收入却大幅提高。

第二节 体育无形资产的经营与管理

一、体育无形资产的经营

当企业拥有独特的技术、在市场上知名度大增、企业品牌成为知名品牌后，企业就进入无形资产经营阶段，这是企业资产运营的高级阶段。这一阶段，企业管理者可以减少有形资产的投入，通过无形资产在更大空间范围内参股或控股其他企业，扩大企业的运营规模，提高产品价格，提升产品利润。

体育无形资产的经营是指经营者对体育无形资产进行经营，以期能够合理配置和充分有效使用体育无形资产，实现体育组织资产的保值和增值。体育组织运营的最高阶段就是无形资产的运营，体育组织的盈利主要来自无形资产所带来的收入，尤其是体育赛事组织所得收入的70%都来自无形资产的经营收入。

在国际奥委会的收入中，电视转播权的销售收入占47%，赞助占45%，门票收入只占8%。1984年洛杉矶奥运会，激烈的转播权竞争让转播费打破了以往不足一亿美元的历史记录，获得美国转播权的ABC（American Broadcasting Company，美国广播公司）付出了2.5亿美元的天价，是1976年的10倍，是莫斯科奥运会的3倍。2011年，NBC（National Broadcasting Company，美国全国广播公司）投资43.8亿美元，购买了截至2020年的奥运会独家转播权，这是奥运会历史上最昂贵的转播权交易。2014年，NBC又以77.5亿美元续约，从而使它持有奥运会在美国的独家报道权延长到2032年。现在，奥运会的转播权已经比1980年增长了70多倍。

（一）体育无形资产的经营方式

1. 直接经营

体育事业单位、体育协会、体育联盟等体育组织自行经营无形资产。例如，美国国家橄榄球联盟（NFL）和国家篮球协会（NBA）自己经营冠名权、转播权、纪念品等无形资产，获得了较大收益。在体育产业比较成熟的发达国家，以市场为主要调节机制，体育协会、体育联盟、体育球队积累了丰富的管理和经营经验，都是自己经营体育无形资产，最大限度地将无形资产变现。

2. 委托经营

体育场馆、体育运动队、专利的所有者委托专业的无形资产开发公司对其体育场馆、体育运动队、知名运动员、专利技术进行开发和经营。在我国，由于传统的体育举国体制，使得绝大多数体育场馆、体育运动队、专利技术都属于国家所有，并由其所属的事业单位或行政单位负责开发这些无形资产。然而这些具有行政性质的单位没有无形资产商业开发和经营的经验和管理技能，只得委托专业的商业公司进行无形资产的开发和经营，例如，委托专业的场馆运营公司进行体育场馆运营。

3. 中介经营

无形资产的所有者与具有商业性质的体育中介机构合作，由体育中介机构开发无形资产。例如，一些知名运动员委托体育经纪人或体育中介机构负责代言、参与赛事等工作。在这种经营模式下，无形资产所有者和中介机构是合作共赢关系，借助专业体育中介机构的无形资产的管理技能和经营经验，与其共同开发和经营无形资产，既有利于调动中介的经营动力，也有利于无形资产的不断增值。

（二）体育无形资产的定价

体育无形资产如何测量和定价，要从无形资产依托主体的成本、供需情况、市场信息等方面来考虑。

第一，生产无形资产的成本是无形资产交易价格的基础。场馆的生产成本、赛事的举办成本、专利和专项技术的研发成本构成了无形资产的显性成本，赛事或场馆的稀缺性和综合影响力、专利和专项技术的应用和市场价值构成了无形资产的隐性成本。显性成本和隐性成本共同影响着无形资产交易价格的形成。

第二，无形资产的供需情况影响着无形资产的定价。商业性体育赛事，尤其是稀缺性商业体育赛事的供给弹性和需求弹性都是比较低的，不可能无限制地供给，这就决定了赛事供给的有限性，而重大商业性体育赛事的需求量却不断扩大，这种需求不仅来自发达国家的城市，更来自广大的发展中国家的城市，这就导致了供不应求的局面，带来的是各类大中型具有影响力的商业性体育赛事的承办权价格的不断飙升。而我国属于发展中国家，众多的城市已经把举办大型体育赛事（包括综合性赛事、商业性赛事）作为城市战略的重要组成部分，对赛事具有大量的需求缺口，稀缺性商业赛事供给和需求弹性的双低特性在很大程度上推高着商业赛事的价格。

第三，无形资产交易中的信息不对称问题影响着无形资产的定价。买方对专利技术成本或赛事效果的信息所知甚少，造成信息不对称，带来买方对无形资产使用价值的信息掌握不足；卖方对买方无形资产的开发能力、运作能力、履约能力的信息不对称带来实施风险；竞争方对供求信息的不对称带来对无形资产交易竞争把握不足，直接导致交易效率的降低、交易费用的提升，造成交易过程中的道德风险和逆向选择问题，这些会直接影响无形资产的交易价格。

买卖双方的自利性行为、过高的信息搜寻成本、信息化平台建设的缺失等是造成信息不对称的主要原因。

（三）体育无形资产的经营策略

1. 品牌在体育产品和服务中的延伸策略

成熟和知名的赛事品牌可以衍生出新的体育产品和服务，并依托品牌效应进行体育产品和服务的推广，实现无形资产的扩张。例如，NBA将品牌推广到运动鞋服、运动器材、赛事纪念品等产品中，满足观众喜欢明星代言产品或明星使用过的产品的需求。在赛事中获得好成绩的球队还可以将自己的训练技巧、运动技巧进行推广，收取培训费用。作为知名赛事主场的场馆，依托赛事品牌效应可以开发场馆的观光、餐饮、住宿等服务，打造以赛事为核心产业、以体育产品为相关产业、以场馆服务为衍生产业的产业链。

2. 名誉使用权的延伸策略

赛事的转播权、冠名权、赞助权共同构成赛事名誉的使用权。获得赛事转播权的广播、电视、网络公司，通过在赛事转播过程中插播广告而获取巨额的广告费。取得冠名权和赞助权的企业可以提升企业知名度，在消费者心目中对企业产品质量产生良好的印象，从而扩大企业产品的销量。赛事名誉使用权的营销应以赛事名誉为基础，采用竞标形式，获得高额的赛事名誉使用权收入。

二、体育无形资产的管理

体育无形资产的管理是体育无形资产所有人对其所拥有的无形资产实施的管理，管理的内容包含产权占有管理、处分管理、经营使用权管理、投资管理。

（1）产权占有管理主要包括无形资产的产权清查、产权登记统计、了解产权变动情况、对直接占有的体育无形资产实施直接管理、对非直接占有的体育无形资产实施监督和管理。

（2）处分管理主要包括体育组织对体育无形资产进行评估、确认，根据实际需要进行体育无形资产的转让、出售、拍卖、核销，依据法律程序获得产权处分的收益。

（3）经营使用权管理主要包括规范体育无形资产的经营和使用，统计和监督体育无形资产经营、使用效益，核定体育无形资产经营方式和管理方式、经营者等。

（4）投资管理主要包括确定体育无形资产的投资方向、投资范围，制订无形资产的投资和收益计划。

三、球星作为无形资产的会计处理方式

球星的技战能力及姓名肖像权都是体育俱乐部的无形资产，需要正确记录在俱乐部账簿中。莱昂内尔·梅西和克里斯蒂安诺·罗纳尔多是世界著名足球运动员，他们的转让价值可能高达2亿欧元，这些也应该记入俱乐部的资产中。

运动员明星是著名俱乐部转会的目标，他们是所属俱乐部的宝贵资产，转会的价值非常重要，并且是俱乐部支出的主要组成部分。球员的价值越高，俱乐部的价值就越高。随着电视广播、赞助和商业产品（如衬衫和装备）及转会费的支出不断增加，足球俱乐部的收入也随之增加，俱乐部的品牌价值也提高了。

运动员是以一定的费用招募的。人才越多，招募费用就越高。此类费用包括转让费、中介费和其他相关费用。购买的俱乐部将获得"使用权"，以产生收入。在欧美的会计界，"权利"被视为无形资产。在足球运动员的合同期限内，俱乐部可享有相应利益。因此，足球运动员的使用时间是有限的。

无形资产包括参与者的转让权和为获得该项权利而发生的成本。这些权利按购置成本计量，并在每位球员的合同期限内按直线法摊销。在球员收购过程中产生的中介服务成本也被确认为收购成本，并在球员合同的有效期限内按直线法摊销。

在每个报告期末，将会评估球员的损失减值情况。如果有客观明确的证据表明该损失在财务报表发布之日之前已减值，则确认相关的减值损失。俱乐部通常会根据个人和集体的潜力进行价值分析，以确定是否有迹象表明球员的价值受到损害。

在处置、转让、取消合同或对球员的合同权利到期之日，球员不再被确认为资产。俱乐部将确认收益或损失，直到签订买卖合同或球员合同到期为止。然后，俱乐部将转会费确认为收入。

第三节　体育无形资产的开发

一、体育无形资产开发的内涵

体育无形资产开发是指为了优化体育无形资产配置，充分有效地利用体育无形资产，提高体育无形资产利用率，为体育组织谋求利润最大化而采取的一系列技术、经济措施与活动。

休斯顿丰田中心开发的核心无形资产主要有冠名权、豪华包厢、俱乐部坐席、商业赞助权和特许经营权五类。在2001年火箭队打算自己修建体育场馆时就展开了冠名企业的谈判，最终丰田汽车以1亿美元的价格获得体育场馆20年的冠名资格，几乎占到了场馆建造成本的一半。丰田在冠名体育场馆的同时成为休斯顿火箭队的主赞助商，与火箭队形成高级的合作，具体回报是在场馆顶部、出入口通道、场馆内部公共区域、场地地板、场边广告牌几乎所有可以设置广告的区域展示丰田的标识。在场馆内设置丰田汽车的展示区，展示最新款的丰田汽车。同时，为丰田公司提供一个能容纳24人的豪华包厢，作为丰田公司礼遇客户的场所。丰田中心的豪华包厢分为4类，包括传统包厢、传奇包厢、聚会包厢和伍德森林俱乐部。

丰田中心的商业赞助权与特许经营权是与休斯顿火箭队的合作伙伴共同开发的，其得到的权益包括体育场馆内广告的发布权或者特许经营权。赞助休斯顿火箭队的企业有百威啤酒、德国电信、柯尼卡、美能达、麦当劳、中国的匹克体育等公司。俱乐部的合作伙伴不仅享有场馆内的广告发布权，还可以在场馆内展开营销活动，根据自身产品的特点设计营销手段和促销计划。如麦当劳会提供给先进场的5000名观众每人一份汉堡套餐，或者火箭队战胜对手超过10分以上，麦当劳会提供免费的汉堡和薯条。级别比较低的合作是仅仅购买场馆内的广告发布权。火箭俱乐部对场馆内的广告发布权进行出售，按照场次和位置的不同，制定不同的权益组合，有的公司如美国的一家食品企业为了新产品的促销购买了四场比赛的广告发布权。

由休斯顿丰田中心的无形资产开发可以看出，要尽可能挖掘和利用各种体育无形资产，将体育领域内诸多无形资产推向体育市场，向社会提供体育产品，培养成熟的体育消费群体，满足社会的体育需要，促进体育产业的发展，同时为社会公众的体育运动发展提供更多的公益资金。

二、开发体育无形资产的作用

无形资产是信息社会和知识经济时代的一种重要的资源和财富，企业无形资产的开发有利于提供品牌价值，获取公众认可，提高顾客忠诚度，获得超额利润。可口可乐在饮料产业中的品牌价值处于第一位，人们只要喝饮料，首先想到的就是可口可乐，购买可口可乐的概率就更大，为可口可乐创造着超额价值。同理，体育无形资产也能够给体育竞赛表演产业创造良好的经济效益和社会效益。体育竞赛表演产业无形资产开发的重要性体现在以下几个方面。

1. 有利于体育竞赛表演产业的品牌构建

体育赛事的水平和质量越高，赛事举办的时间越久远，就越能吸引观众，越能提高赛事知名度，形成无形资产，从而有助于构建知名品牌。近十年来，中国的马拉松赛事受到国内体育爱好者的欢迎，参加马拉松的热度连年激增。2021年11月28日，连续举办了25年的上海马拉松以较低的报名费、高端的参赛服务闻名全国，参赛人数众多，已然是中国白金级别的马拉松赛事品牌。

2. 有助于提高顾客忠诚度

无形资产开发有利于增加品牌的辨识度，提高观众的归属感，从而提高顾客的忠诚度。美国国家橄榄球联盟（NFL）每年举办的超级碗相当于美国人的春晚。每年一到超级碗开播的时间，美国约三分之一的人都会通过电视、网络、现场观看。对于超级碗的观众来说，观看超级碗、观看NFL的比赛就是生活的一部分，是生活中非常重要的时期。观看超级碗形成了一种美国特有的文化，成为民众自愿自觉参与的一件休闲娱乐事情，是民众一种必要的消费。

3. 有助于带来超额利润流

无形资产的价值影响着体育竞赛表演产业的经济效益。赛事品牌价值越高，无形资产的价值越高，赛事所获得的收入就越高。巴塞罗那足球俱乐部（以下简称巴萨）是一家百年足球俱乐部，成立于1899年，形成了自己独特的足球风格，被俱乐部球员和教练员一直传承，巴萨还坚持自行培养球员的传统。这些风格和传统帮助其从2004—2005赛季至今赢得4座欧洲联赛冠军奖杯。巴萨为球迷贡献的高质量的赛事使得其在2018—2019赛季的收入达到了创纪录的9.9亿欧元（约11.04亿美元），成为世界上收入最高的俱乐部。

4. 有利于开拓市场

体育竞赛表演产业的无形资产的含金量非常高，品牌价值的吸金能力非常强。在美国四大体育联盟所举办的体育赛事的收入中，70%以上的收入都是无形资产收入，并由无形资产延伸到体育服装、体育器材等体育用品的衍生品生产制造和销售上，繁荣了市场。由NBA球星乔丹代言的篮球鞋，品牌附加值比别的篮球鞋高，也更受消费者的喜爱。

5. 有利于满足公众的精神追求

运动员通过提高运动技能，在赛事中赢得好成绩，为国家和企业带来荣誉，从而让公众为自己的拼搏精神而感动，也希望通过参与体育运动而让自己更高、更快、更强、更有自信、更有精神追求。运动员通过高超技能在国际比赛独占鳌头，可以提高体育项目的影响力，吸引公众参与体育项目。我国网球运动员李娜在世界上获得多项知名赛事的冠军，增强了网球在我国的影响力，使得网球运动逐渐成为民众喜爱的运动。

三、国外体育无形资产开发现状

在体育产业成熟的发达国家，体育无形资产已经被有效利用、充分开发。在世界上，价值最高、被充分开发的体育无形资产是国际奥委会所拥有的无形资产。在2009—2012年，国际奥委会收入共计80.5亿美元，分为五个部分：电视转播费（38.5亿美元，占比47.8%），东道国企业赞助费（18.38亿美元，占比22.8%），国际企业赞助费（9.5亿美元，占比11.8%），门票收入（12.38亿美元，占比15.4%），特许经营权许可收入（1.7亿美元，占比2.1%）。电视转播权、商业赞助权、特许经营许可权都属于体育无形资产带来的收入，约占总收入的84.6%。可见，体育无形资产为体育组织带来的收益是巨大的。

在国际上，体育竞赛表演业无形资产开发内容包括以下几个方面。

（1）与人员有关的无形资产的开发。教练和球员是体育组织中最具潜力的无形资产。优秀的教练和球员能够使得球队取得骄人的战绩，吸引大批球迷和观众，为球队赢得巨额的赞助费、广告费、代言费等，为球队的所有者带来巨大的收益。因而球队的所有者都致力聘用或培养优秀的教练和运动员。

（2）与权利有关的无形资产开发。权利型无形资产的开发是体育无形资产开发的重要内容。国际知名赛事的电视转播权、特许经营权、商业赞助权等权利型无形资产所带来的收入几乎占到总收入的一半。权利型无形资产开发成为赛事组织者最为重要的事情。

（3）与房地产有关的无形资产开发。举办国际知名赛事的体育场馆都会被观众、消费者、企业知晓，因而具有人气、名气，可以开发体育场馆的租赁业务。租赁业务主要有两类：第一类是天棚、体育场馆的广告收入；第二类是体育场馆、培训设施、行政办公室的租赁收入。

（4）与门票有关的无形资产开发。发达国家的体育联盟、体育协会每年都会举行常规赛事。持有赛季门票购买权、赛季门票的消费者可以将其门票转让给其他人。当赛事越来越精彩，吸引了越来越多的观众，门票价格就会上涨，门票的转让费用也水涨船高。因而，门票的转让费用也成为赛事组织者的一种无形资产收入。

（5）与商誉有关的无形资产开发。从某种意义上来说，球队的知名度越高，成绩越好，球队所有者的商誉就越高。如何扩大球队的知名度是球队经营者关注的重要事情之一。在美国，为了扩大球队的知名度、培养忠实的球迷，球队经常到所在州的各类学校进行巡回比赛演出，让父母带着孩子一同前来免费观看，从观众的童年时期就开始培养其忠诚度。

国际体育赛事、体育组织的品牌大都经过百年的运营，商誉历久弥新，所拥有的体育无形资产价值巨大。因而，体育无形资产的形成和开发不是一朝一夕之功，而是体育组织用心经营多年的结果。中国体育产业还处于发展阶段，体育无形资产的开发应该走自主品牌创建和开发道路，形成具有中国文化特色的的体育无形资产。

第四节　我国体育竞赛表演产业无形资产开发策略

一、我国体育竞赛表演产业无形资产开发中存在的问题

近年来，随着各省市经济的增长，以及政府和民众对体育赛事的社会效益和经济效益的深刻认识，各地市争先恐后地举办各类、各级别的体育赛事，我国的体育竞赛表演产业有了长足的发展，但是我国体育赛事品牌价值较低，体育赛事隐含的无形资产开发不充分，存在着很多问题。

1. 缺乏开发无形资产的意识

由于我国的体育竞赛表演产业的发展历史较短,还在借鉴和模仿其他国家竞赛表演产业的经营和管理方法,本土独有的体育赛事较少且不成规模,体育竞赛表演产业的经营主体缺乏无形资产开发的意识,不注重体育无形资产的培育。即使经过体育企业长期苦心经营形成了无形资产,也未能充分挖掘无形资产价值,保护无形资产,没有采用品牌外延扩大消费市场和开发衍生产品。现在,我国的马拉松赛事已经做的风生水起,北京马拉松和上海马拉松赛事颇有名气,在国内具有知名度和品牌价值,却没有利用这些品牌开发衍生产品,减少了体育赛事运营主体利用无形资产所获得的收益。

2. 缺乏长期经营无形资产的意识

我国体育赛事经营企业缺乏长期经营意识,只注重短期利益,不愿意花费时间和精力培育我国独有的无形资产,而是直接去购买国外已经成熟的无形资产,实现资金套利和回收,这对我国体育无形资产开发是非常不利的。从2014年起,中国资本开始购买海外体育俱乐部的股权。2014年7月,合力万盛用800万欧元购买了荷兰海牙俱乐部100%的股权。2015年9月,万达用4500万欧元购买了马德里竞技20%的股权,用6.5亿美元购买了运营铁人三项的美国铁人公司。2016年1—8月共有10宗海外体育投资事件,其中最大的投资是中欧体育用5.2亿欧元收购了意大利AC米兰俱乐部99.93%的股权;其次是苏宁用2.7亿欧元购买了国际米兰70%的股权。我国商务部和中国人民银行都建议海外投资应该用于发展出口、提升产品质量、提高研发能力、促进技术进步上,而不是简单的资本逐利。

3. 缺乏体育无形资产运营管理的经验

我国体育赛事的运营主体缺乏体育无形资产运营管理的经验。我国学术界对体育无形资产理论和实证研究是非常匮乏的,其中专业做无形资产研究的学者很少涉及体育无形资产的研究,而研究体育产业的学者对无形资产理论不熟悉、研究不深入,研究和现实相脱离。因而,应该加强体育产业与科研院所的联系,实现产、学、研一体化,将研究应用于实践,让体育赛事运营主体具备体育无形资产开发的理论知识,并具有将理论知识运用于实践的能力。

4.体育无形资产的交易市场不成熟

由于中国的职业体育俱乐部大都是由政府和企业共管，无形资产的品牌价值不高，且其交易受到政府的限制，交易市场不成熟，不利于无形资产价值的挖掘和开发。体育科研院所研发的体育训练技术在申请专利后，难以孵化和转化。由于缺乏体育技术转化意识和平台，科研人员找不到愿意使用体育技术专利的企业。中国本土体育企业的资金量不足，不愿在体育技术研发和购买方面投入大量资金，所以体育专利技术的市场转化率极低，不利于体育无形资产价值的开发。

5.体育无形资产的附加值太低

我国的电视广播运营一直是由政府直接管理，我国居民关注体育赛事较少，国内赛事的收视率较低，而且缺乏专业团队制作精良的体育赛事节目，许多国内大型的体育赛事都没有被转播，这影响体育赛事品牌的扩散，从而难以提升赛事知名度，赛事品牌价值含量不高，体育无形资产的附加值较低。国内大型赛事和民间赛事如果想在电视上转播，就要向电视台支付高昂的转播费用，这些费用是赛事组织方难以承担的，也是国内赛事难以提高知名度的原因之一。

二、我国体育竞赛表演产业无形资产的开发策略

从我国体育竞赛表演产业无形资产开发的问题来看，应从体育赛事运营主体和政府管理主体两个方面着手，既要从体育企业、体育俱乐部等微观层面着重进行无形资产的培育和开发，还要从政府层面给予无形资产开发的激励和支持。

（一）从体育赛事运营主体层面

根据无形资产的含义可知，广义的体育无形资产表现为商誉、知名度、品牌、金融资产、长期股权投资、专利权、商标权、独有的技术、高水平体育运动员和教练员、会员名单等。

1. 提高知名度

体育赛事知名度越高,赛事品牌价值就会越高。要同时利用传统媒体和新媒体对赛事进行宣传和转播,扩大体育赛事知名度。新媒体都是通过网络进行宣传,抖音、快手等短视频网站的用户众多,宣传效果好,宣传费用较低。缺乏资金的体育赛事运营主体可以采用新媒体推广赛事,剪辑和制作精彩赛事短视频,吸引观众,增加关注,与观众互动,以提高赛事知名度。

2. 培育商誉

通过提高体育赛事质量和服务培养商誉。目前,国内的马拉松赛事办的红红火火,但是服务并不完善。2021年5月甘肃白银的百公里越野马拉松赛,由于未能提前做好天气预报,在赛事进行中受突变极端天气影响,局部地区出现冰雹、冻雨、大风等灾害性天气,气温骤降,参赛人员出现身体不适、失温等情况,部分参赛人员失联,比赛停止,最终造成21人遇难。体育赛事一般是规模较大的短期系统项目,需要城市安全部门、卫生部门、消防部门、体育部门、交通运输部门、宣传部门等多个部门相互协作,才能确保赛事运营的后勤保障、人员接待、现场秩序维护等工作的顺畅无缺陷。体育赛事运营主体应在赛事举办的各个环节的协调和服务上投入大量精力,让细节更完善,提高服务质量,培育商誉。

3. 构建高价值品牌

中国目前没有高价值的体育赛事品牌。欧洲是现代体育的发源地,足球、网球、赛车、斯诺克等体育赛事都是世界一流的赛事,这些赛事运营多则经历了上百年,少则经历了数十年,拥有几代球迷的终生支持,历史积淀深厚,品牌价值非常高。中国的体育赛事产业是从20世纪90年代开始发展的,至今只有30多年的发展历史,中国体育赛事更多地是模仿和借鉴国外成熟的品牌构建模式,还没有形成独具中国特色,符合中国管理体制和文化的体育赛事品牌。中国体育赛事组织者应基于中国文化和管理体制,构建具有中国特色的赛事品牌。

4. 培养高水平体育明星

世界著名职业体育赛事联盟或体育俱乐部都非常注重培养高水平的运动员,并包装体育明星。1989年在时任主教练克鲁伊夫的主持下,巴塞罗那俱乐部建立了拉玛西亚青训学校，至今共培养出503名球员，这些球员包括梅西、哈维等巨星，现在俱乐部一线球员中有10名球员都来自拉玛西亚青训学校。英国谢菲尔德俱乐部常年保持九支少年球队，成为谢菲尔德一线球员的后备人才培养基地。然而，我国足球俱乐部却忽视本土高水平足球运动员的培养，俱乐部自建的少年运动员培训基地较少，培训机制不完善。

5. 形成独有的管理模式和训练团队

国际知名的职业体育俱乐部经过长期发展，形成自己独有的管理模式和训练团队，这些都是难以被其他俱乐部所模仿的，因而形成了自己独有的无形资产和品牌价值。英国阿森纳足球俱乐部内部有一个运动科学和医学部（以下简称SSM），该部门的工作人员与教练一起形成训练团队，制订球员的培训计划。该俱乐部的工作团队由技能熟练、合格的专业人员组成，从功能性能力、动作技能、综合体能、球员规划等方面来制订球员个人的身体发展框架和训练计划，从而培养出高质量的足球运动员。

6. 培育会员

体育俱乐部或体育联盟的会员数决定了无形资产的价值，会员越多，无形资产的价值就越高。根据权威足球数据组织"全球数字足球标杆"的统计，皇家马德里足球俱乐部的会员数量达到了2.429亿，高居会员数量榜首，第二是巴塞罗那足球俱乐部（会员数为2.4亿），曼联排在第三（会员数有1.37亿）。众多的会员也为俱乐部带来了忠实的球迷。2015年皇马在全球的球迷达到4.5亿，为俱乐部带来了丰厚的收益。因而，中国的体育俱乐部应通过商业运营和高质量的赛事，不断扩大俱乐部或体育联盟的会员数。

7. 研发独有的训练技术和战术技术

在体育训练中不断采取现代先进的科技手段，善于归纳和总结新的训练方式，开发新的训练设备和器材，申请专利，保护独有的知识产权。中国乒乓球运动技术、训练技术和战术技术在国际上处于领先水平，有许多独创的技术，形成了独有的无形资产价值。从2020年东京奥运会乒乓球比赛的运动员和教练员可以看出，世界上许多国家都在引进中国的乒乓球技术及运动员、教练员，众多华裔运动员和教练员成为许多国家的乒乓球国家队成员。我国应注重对乒乓球技术无形资产的开发和保护，从中获取最大收益。

8. 培养体育经纪人

体育经纪人应具备组织策划体育赛事的能力、合理配置资源的能力、最大化发挥市场功能的能力、解决各种日常纠纷及经济事务的能力、有效降低俱乐部运营及成交成本的能力。在体育竞赛表演产业比较成熟的国家，专业的体育经纪人众多。例如，拥有国际足联颁发的足球经纪人营业执照的足球经纪人共288人，其中，英国有47个足球经纪人。但是，中国的体育经纪人培养比较滞后，专业的体育经纪人较少，影响了体育赛事和体育明星的运营，不利于无形资产的开发。因而，不论从体育企业层面还是政府层面，都应该加强专业体育经纪人的培养，以便于体育赛事无形资产的开发。

（二）从政府管理层面

1. 改革体育赛事的行政管理体制

在我国的赛事审批过程和职业体育俱乐部的管理中政府参与较多，没有从真正意义上实现"放、管、服"，制约了体育赛事组织机构的发展，不能充分利用市场活力创造和开发体育赛事无形资产。因而，必须减少体育行政部门直接参与体育无形资产的开发管理，将体育赛事的组织和举办充分推向市场。在市场经济体制中，要明确体育行政机构的职权和责任，真正做到政企分开、管办分离，切实发挥体育行政组织的行业管理和宏观调控的职能，让体育企业和民间组织有足够的体育赛事组织权和运营权，充分发挥市场自主调节作用，让体育企业根据市场需要自行合理配置资源、自主开发无形资产，构建高质量的赛事品牌，充分挖掘无形资产价值。

2. 制定体育创新的激励政策

2014年国务院发布的《国务院关于加快发展体育产业促进体育消费的若干意见》中提出"完善无形资产开发保护和创新驱动政策"，从政府层面为体育无形资产的开发提供了政策支持，特别是从科技创新和运营模式创新两个方面来支持中国自由体育赛事品牌的构建和无形资产的开发。

一是要激励体育科技创新。在体育训练中不断采取现代先进的科技手段，善于归纳和总结新的训练方式，开发新的训练设备和器材，申请专利，实现创新孵化，构建具有科技价值的体育无形资产。不断改变和完善现有体育项目，开发具有普适性、娱乐性的新体育项目，并向大众推广。改进原有赛事，开发观赏性强、大众喜闻乐见的新型赛事，培育或创造新型体育消费市场，形成具有高额市场价值的体育无形资产。

二是要激励体育无形资产运营模式的创新。从运营模式创新上探索体育无形资产开发的方式，广泛动员和整合有利于体育无形资产开发的各种社会资源，探索具有中国市场经济特色的体育无形资产运营模式。政府体育管理的相关机构应与体育管理科研机构联合，创建关于体育无形资产的理论研究的高端智库，建立一套具有中国特色的评估体育无形资产的科学体系，培育体育无形资产的运营管理者和体育经纪人，开发出符合中国体育管理体制的新式无形资产运营模式。

第六章　体育竞赛表演产业的品牌构建和营销策略

第一节　体育赛事品牌的构建

一个国家体育竞赛表演产业发展成熟的标志就是拥有多个全国知名的体育赛事品牌,这些赛事品牌的收入总和在国民经济中占有较大比例。体育赛事品牌的构建不是通过广告进行一时的宣传就可以形成的,必须经过长期的运作和经营,从赛事质量、服务、文化、形象、观众群体等多个方面入手,将不知名的赛事品牌逐步培养成知名的赛事品牌。一个地区有了知名的体育赛事品牌,这个地区的体育竞赛表演业才能成熟和发展起来,为当地的经济作出贡献。

具体来说,构建体育赛事品牌可以从以下几个方面着手。

一、提高赛事质量

职业体育赛事吸引观众的核心点在于赛事运动员的水平非常高,能够给观众提供精彩的、具有悬念的赛事。西班牙的皇家马德里足球俱乐部和巴塞罗那足球俱乐部经常汇聚世界上著名的足球明星,两个俱乐部之间的赛事都是世界上顶级的足球比赛,每场赛事都座无虚席。职业赛事的水平越高,关注度和品牌价值就越高。

但是赛事品牌的知名度和价值的形成不是一朝一夕之功,需要经过长年的积累和运营,不断提高赛事质量才能形成。最早在1896年,美国国家篮球联盟(NBL)就孕育出了美国职业篮球联盟(NBA)。1949年,美国的篮球协会(BAA)和美国国家篮球联盟(NBL)两支球队合并成立了美国职业篮球联盟(NBA)。1980年初,美国职业篮球联盟(NBA)的运营状况并不乐观,NBA共23支球队,其中17支都处于亏损状态,毒品和兴奋剂泛滥,整个联盟濒临崩溃，就在这时，大卫·斯特恩实行了工资帽制度、改革了选秀制度、颁布了"禁药令"，扭转了联盟颓势，并不断改变篮球比赛规则，让篮球赛事越来越精彩，越来越具有观赏性，使得NBA的收入逐渐递增，在2018—2019赛季，其收入达87.6亿美元。现在NBA的品牌价值是经过近百年的运营才形成的，特别是自20世纪80年代改革以来，逐渐稳固了其品牌价值。

因此，构筑一个知名的赛事品牌，不能只着重短期利益，而应该从运动员水平和个人品格的培养、联盟制度的改善等多方面入手，提高赛事水平，包装运动员明星，构建赛事良好的公众形象，最终形成知名的赛事品牌。

二、实现赛事垄断

职业赛事一般由体育联盟组织和举办，体育联盟垄断了赛事的举办权，这是由于联盟众多、参赛队伍过多将会降低赛事的稀缺性，导致俱乐部的水平较低，赛事水平不高，从而降低赛事的关注度。

美国的四大体育联盟对所举办的体育赛事都具有垄断权，并通过工资帽制度、选秀制度、球员交换制度平衡了体育俱乐部之间的实力，避免了有能力的球员向富有的俱乐部集中、球员频繁跳槽等现象。当所有的俱乐部实力相当时，赛场上球员之间的争夺就会异常激烈，赛事就非常精彩，赛事结果就具有悬念，吊足观众的胃口，为赛事营销提供了宣传内容，从而获得更多的观众。因而，在全国性赛事中，赛事联盟对赛事的垄断、平衡联盟中各俱乐部之间的实力非常重要。

在欧洲，各国的体育联盟对体育俱乐部没有太多的约束，许多有经济实力的体育俱乐部购买了知名球星，形成一家独大，一家俱乐部在历次赛季中能够包揽大多数奖杯，这使得很多财力弱的俱乐部几乎没有竞争能力，大部分赛事的结果没有悬念，精彩程度较低，从而使整个体育联赛的收入较少。近年来，英超也发现了俱乐部一家独大存在的问题，影响了体育竞赛表演业的整体发展，因而也准备采用美国体育联盟的方式进行改革。

中国的体育赛事结构沿用的是欧洲各国的制度，也出现了财力强的俱乐部一家独大的情况，需要进行适当的改革。中国体育协会应垄断赛事，在加入协会的体育俱乐部或运动队之间进行财力平衡的改革，封顶最高工资，降低转会费用，尽量保证各俱乐部之间的运动员竞技水平相当，在赛场上能实现完全竞争，让赛事更精彩、更有悬念、更吸引人。

三、与教育融合，培养后备力量

提高赛事质量，首先要有水平高的运动员。在美国，高中和大学的体育联赛都比较成熟，球类项目的爱好者可以从中学开始加入学校球队，参加各种联赛。大学根据高中联赛结果挖掘水平高的运动员，将该运动员录入本校，给予奖学金，使其加入本校校队，代表大学参与大学联赛。在大学联赛中表现突出的运动员将被职业联盟选中，成为职业运动员。从大学联赛中，体育俱乐部能够选到真正爱好体育项目、球技高超的运动员。因而，美国中学为体育联盟培养了水平高超的职业运动员，让职业赛事有足够的后备力量。

欧洲是现代体育起源和繁荣之地，各级学校都非常重视体育，法国还将体育纳入高考成绩。德国和西班牙的职业体育俱乐部还专门开设了青少年体育俱乐部，为俱乐部培养后备人才。

近年来，我国也提出体教融合，各级政府相应出台了促进体教融合政策。政策中明确要求通过增加中小学生课内外的体育活动时间，增强学生体质，为国家培养竞技体育的后备人才。体育与教育相融合可以培养更多高素质、高水平的专业体育人才，从而促进体育赛事产业的发展。

四、采用差异化战略

纵观世界各地体育竞赛表演业发展比较成熟的国家，其所培育的知名赛事都有所不同。美国的橄榄球、棒球、篮球、冰球赛事是全世界该类赛事中水平最高、最知名的赛事。欧洲的足球赛事闻名于世。此外，英国有全世界顶级的F1方程式赛车比赛、网球赛事、斯诺克赛事、高尔夫赛事。法国的环法自行车赛历史悠久。

各个国家都根据自己的文化底蕴和擅长的体育项目构建了知名的赛事品牌。我国根据居民的兴趣点和身体素质状况，开办了足球、篮球等职业赛事，以及马拉松赛事。特别是全国各个城市都举办过形式各样的马拉松赛事，一些马拉松赛事也成为知名品牌，如北京马拉松赛事、上海国际马拉松赛事等。

但是，目前我国体育赛事水平不高，赛事收入较低，国内知名品牌在世界上并不出名。因此，我国应根据自身的文化和体育项目的实际能力来培育世界知名的体育赛事，如我国的乒乓球和羽毛球水平在世界上处于一流地位，在国内又有广泛的民众基础，将这两个项目的赛事培育成国际知名的赛事是非常可行、非常有潜力的。

五、培养赛事观众

体育俱乐部必须通过赛事推广，吸引众多观众，培养观众的忠诚度。当体育俱乐部拥有众多忠实的球迷时，才会拥有可持续性的、长期的收入，才能维持俱乐部的运营，进而构建体育俱乐部品牌和赛事品牌。

在美国，体育俱乐部忠实球迷的培养是从球迷的童年时期开始的。各体育俱乐部在休赛时期，会到所在城市的周边地区举办免费的表演赛，与赛事观众见面。来看赛事的观众经常是一家人，父母陪同孩子观看，通过观看赛事和体育明星近距离接触，成人会对体育明星有更多的支持，小学生将会对该体育项目产生兴趣，将来参加该项目的概率就比较高。学生进入中学时期后，就可以参加校队，进一步加强对该体育项目的热爱，成为该体育赛事的忠实球迷。

在英国，足球迷都是跟随父母从儿童时代就成为当地体育俱乐部的支持者，一生都忠诚、支持该俱乐部。因而，赛事观众的培养既要在成人中展开，也要未雨绸缪，从观众的儿童时期就开始培养，这样才能加强赛事观众忠诚度。

六、构建赛事文化

赛事文化是赛事的灵魂和价值的体现。形成符合大众价值观的赛事文化，有利于吸引观众和宣传赛事。"更高、更快、更强"是奥林匹克运动会的格言，充分表达了奥林匹克运动的坚持进取和永不满足的拼搏精神，以及不畏艰难险阻、勇于攀登高峰的战斗精神，形成了奥运会文化的核心。

2020年新冠肺炎疫情在全世界暴发，奥委会也号召全世界人民要团结起来抗击疫情，国际奥委会主席巴赫提议将"更团结"加入格言之中，这一提议得到了奥委会成员广泛的支持和正式通过。因而，从2020年东京奥运会开始，奥林匹克格言被更新为"更快、更高、更强、更团结"。巴赫表示："当前，我们更加需要团结一致，这不仅是为了应对新冠肺炎疫情，更是为了应对我们面临的巨大挑战。当今世界彼此依靠，单靠个体已经无法解决这些挑战。因此，……为了实现更快、更高、更强，我们需要在一起共同应对，我们需要更团结。"这一奥运格言诠释了人类在灾害频发的自然环境中加强团结、共同应对挑战的精神,这种精神正是当前全人类的需要。

因此,赛事文化要有独特的含义、深远的意义,要符合人类共同的价值观,能随着时代背景、社会进步而有所更新,让赛事更有文化内涵,从而获得赛事观众的认同,在赛事观众的心中形成良好的品牌形象,提高赛事品牌价值。

第二节　体育赛事赞助的营销

一、体育赛事赞助的作用

为赛事提供赞助的作用有两个方面:一是从赛事组织者角度来说,可以保障赛事有充裕的资金,维持赛事组织机构的正常运转和赛事的顺利进行,借助赞助商的品牌知名度提升赛事的名气;二是从赞助企业角度来说,可以通过赞助赛事,在赛事举行期间向观众宣传自己的产品和服务,提高企业的知名度,促进产品和服务的销售。体育赛事的举办方和赞助商之间是互助互利、合作双赢的关系。

1. 对赛事组织者的作用

赞助商提供的资金、实物和服务有四个用途:一是为保障运动队的训练、比赛参与、技术服务;二是保证非营利性体育组织的正常运转,赞助费可用于支付员工工资、购买办公设备等;三是保障赛事的顺利举办,资金可用于体育场馆建设、比赛设备的购置、赛事组织人员的劳务费等;四是借助赞助商的名气构建体育赛事品牌,提升赛事的知名度。

2. 对赞助企业的作用

赞助体育赛事可以提升企业知名度,塑造良好的口碑和品牌形象,提升赞助企业的品牌无形资产。

(1)提升赞助企业的知名度。通过为赛事提供赞助,赞助商将获得一定的品牌营销权益,如在赛事场馆内做广告。知名赛事的现场观众多则几万人,电视观众多则几亿人,赛事场馆中的广告在观众面前的曝光度非常高,加深了观众对产品的印象，帮助企业获得新市场和潜在顾客，影响消费者的消费行为。对国际赛事的赞助更能帮助企业打开国际市场，走国际化路线。通过赞助俄罗斯世界杯，万达、海信、蒙牛、VIVO、雅迪等中国企业打开了国际市场。

（2）形成良好的口碑。消费者经常认为知名品牌的产品质量优于不知名品牌的产品质量。由于体育协会或联盟一般是非营利性组织，赞助体育组织和体育赛事是公益性的，这使企业和产品在消费者心中产生良善的形象，让观众和消费者对赞助企业产生积极态度，愿意以高价购买赞助商的产品。美国的一项调查显示，64%的受访者出于公益性的原因比较愿意购买体育赞助厂商的产品。因而,赞助营销的效果比广告效果要好得多，赞助行为能够为品牌带来良好的口碑。

（3）提升企业的品牌形象。国际奥委会选择赞助商时，要求赞助商是行业内的领头企业，因而能够赞助知名赛事在一定程度上证明了赞助商在业内的强势地位，有利于扩大企业的社会影响力。体育赞助的公益性美化了企业的公众形象，隐含体育精神的品牌宣传语让消费者感受到正能量，从而在消费者心中形成了良好的品牌形象。

二、体育赛事赞助营销策略

成功的赛事赞助营销既要保证赛事主办方能够获得最大化的赞助收益，也要保证赞助商达到预期的营销效果。因而，体育赛事赞助策略应该从赛事主办方的收益和赞助商的营销目标两个方面来考虑，需要体育赛事主办方和赞助商积极沟通，达成互利互惠的协议，实现双方的相互促进。

1. 赛事主办方

赛事主办方既要深入分析自己所拥有的赛事营销资源，还要了解赛事赞助商的需求和能力，才能实现赞助权益销售的最优化。因而，赛事主办方应该做好以下三个方面。

（1）构建完善的赞助体系。赞助商为赛事提供赞助时，赞助商的需求不同，赞助的方式不同，赞助的资源也不同。因而，赛事的主办方应根据赞助商不同的要求，提供不同的赞助权益和方式，构建完善的赞助体系。一个完善的赞助体系一般应包含三个层次的赞助。最高层次的赞助为顶级赞助商，享受的权益最大、最广泛，可以给赛事冠名、在赛事场馆内长期做广告、以赛事的名义大规模做营销活动。顶级赞助商提供的赞助资金应该最多，这一类赞助商应该是所属行业的佼佼者。中间层次的赞助商的权益享有使用赛事名称和标志的优先权，提供特定产品、服务的排他权，购买赛事期间广告及户外广告的优先权，以及赞助其他主题活动的优先权。最低层次的赞助商赞助的物资最少，享受的权益最小，只能是为赛事提供一类实物、技术、服务，限于在几场比赛、几个场馆做营销活动，或者短期内使用赛事标志做营销活动。

（2）为每一级别的赞助选择恰当的赞助商。赛事主办方应该研究赞助商的赞助历史、赞助营销策略、营销平台、营销团队、营销资源等信息，综合评价赛事赞助商的赛事营销能力，从而为其提供恰当的赞助方式。赛事举办方要充分挖掘并了解自身的赛事营销资源，将赞助资源与赞助商的营销需求相匹配，才能让赛事举办方和赞助商相互协调、密切配合，促使双方都获益。

（3）提供"按需定制"的赞助类别。赞助商有各自的"特殊需求"，包括如何适应最新的营销目标与任务，如何将现有的营销平台对接到新营销资源等。因此，只有"按需定制"赞助方式，才可以满足赞助商的"特殊需求"。"按需定制"赞助方式的实施，需要赛事主办方与赞助商深入沟通，同时赛事主办方要充分掌握赛事的所有赞助资源，确保在为赞助商定制赞助方案的同时，避免出现赞助资源重复销售的现象。

2. 体育赛事赞助商

体育赛事赞助商要分析市场的需求和自身的能力，选择恰当的赛事赞助方式，提供适当的赛事赞助物资，才能实现借助赛事推广自己的产品，达到销售最大化的目的。如果赞助商选择了不适合自己的赛事赞助方式，将会达不到预期的营销效果，甚至会损害品牌名誉和赛事名誉，造成亏损。为了实现有效的赛事营销，赞助商应做好以下三个方面。

（1）了解目标市场。企业在赞助赛事前应该做好市场调研工作，明确品牌的层次和级别，确定目标市场，了解目标顾客的价值取向和对赛事的关注度，分析赛事赞助行为能否让更多的消费者了解产品、改变消费者对品牌的认知、塑造产品在消费者心中良好的品牌形象。

（2）选择合适的赞助方式。赞助商应根据自身的实力、品牌地位、市场定位、目标受众范围等选择适当的赞助方式，不可盲目进行体育赞助。选择的赞助方式不恰当,不能给赞助商带来社会效益和经济效益。根据中国品牌研究院发布的《2008奥运营销报告》,截至2008年7月21日,90%的北京奥运赞助企业的奥运营销未获成功,只有10%的企业取得了较好的营销效果。一般情况下,具有国际化经营战略的规模较大、实力较强的企业可以赞助国际性赛事,规模较小或者进入某个区域市场的企业可以赞助地方性赛事。小企业可以联合多家企业共同赞助某一赛事,分散赞助风险。

(3)注重长期的、系统的体育赛事赞助营销策划。赞助商所实施的体育赞助营销方式不应该只追求短期效应,应该是一个长期的、系统的过程,需要构建系统性的体育赛事赞助营销规划,保持赞助目标和赞助对象的相对稳定,在赛后继续开展营销活动,加深品牌在消费者心中的印象,开辟新市场,使赞助效益最大化。一项对1984年洛杉矶奥运会赞助商的跟踪调查结果显示,在与国际奥委会签订合作协议的102家不同级别的赞助商中,只有一半的赞助商在其品牌与赞助活动之间成功建立了联系。2001年北京世界大学生夏季运动会中,一些处于成长期的企业首次利用赞助国际体育赛事的方式来提高品牌的知名度,在赛事结束后这些企业就销声匿迹了。因而,赞助商制定系统的、长期的体育赞助营销规划,在赛后继续进行品牌维护和升华,能够提高消费者的忠诚度,吸引新的消费者,扩大市场占有率,充分挖掘赛事赞助的最大化效益。

第三节 体育赛事转播权的营销

一、体育赛事转播权的归属

欧美国家把体育产业归为娱乐产业,把观看体育赛事当作一种娱乐项目,体育赛事为观众提供像戏剧、音乐会一样的娱乐服务,所以体育赛事的举办者有权收取体育赛事的服务费,把体育赛事经营当作企业经营。体育赛事转播权成为体育赛事举办者所拥有的无形资产,是一项"企业权利",应该用经营这项权利来获得收益。在西方,体育赛事转播权归属于两个组织——体育联盟和体育俱乐部。体育联盟或体育协会是体育赛事的发起者、协调者、组织者,联盟或协会制定联赛章程、比赛规则、比赛模式,解决所拥有的体育俱乐部之间的矛盾和纠纷，制定整个赛事的赞助权营销规划，为整个体育联盟或体育协会赢得利益，促进体育联盟或体育协会的发展。因而，体育联盟或体育协会应拥有体育赛事转播权。

体育联盟或体育协会下属的体育俱乐部投入大量资金购买运动员、聘用教练和员工、租赁培训和比赛场地，这些投入为整个体育联盟或体育协会组织的精彩赛事作出了贡献，因此也应拥有部分体育赛事转播权，依靠赛事转播权的销售收入获得盈利，以持续运营体育俱乐部。

体育联盟或体育协会其与下属俱乐部共同拥有赛事转播权，根据各自的投入获得赛事转播权销售收入分成。

二、体育赛事转播权与邻接权人的关系

从法律角度看，体育赛事本身并不受著作权的保护，如果将体育比赛进行录制、剪辑成视频或电视节目后，赛事举办方就拥有关于体育赛事视频和电视节目的版权，就能受到著作权的保护。一般情况下，拥有录制、传播赛事权利的媒介机构被称为"邻接权人"。体育赛事组织者或运动员组织拥有体育赛事转播权的原始权利，他们把原始权利授权给视频制作者、传播者，将竞赛场面和运动员活动场面制作成各种视频节目并按条件播出。如果媒介机构在构思、剪辑等方面进行了独创性劳动，则原始权利所有人和邻接权人就要按照合同的约定共享视频播出所获得的利益。

不难看出，在体育赛事转播权售出之后，体育赛事组织者和运动员组织很难介入体育赛事视频的再制作和再加工，很难从后续的再加工的赛事衍生视频商获得利益。因而，在出售体育赛事转播权时，赛事组织者应预测未来的传播内容、传播样态、传播渠道等，按照传播特点将转播权进行分解重组，形成不同特点的产品包，按照产品包的不同特点，收取不同的转播权费用，这样有助于体育赛事转播权的原始权利者获取最大化收益。

三、体育赛事转播权的营销模式

体育赛事转播权的销售主体有体育赛事组织机构、运动员组织机构、中介机构。

1. 体育赛事组织机构

赛事组织机构和俱乐部联盟代表各参赛成员将体育赛事转播权集中销售给媒介机构，获得转播权销售收入后，将收入分配给各参赛成员。

2. 运动员组织机构

体育俱乐部或运动队将体育赛事转播权直接销售给媒介机构。体育联盟或体育协会中实力较强的体育俱乐部或运动队比较喜欢这种模式，有助于获得体育赛事转播权的高收益。在美国，一些实力较强的体育俱乐部自己创建媒体公司、购买电视频道、制作视频，以获得更多的收益。

3. 中介机构

体育赛事组织者、俱乐部、运动队把转播权统一销售给专业中介机构，然后由专业中介机构将转播权销售给媒介机构。例如，世界一级方程式锦标赛（F1）是由国际汽联（FIA）举办的，其转播权则统一由一级方程式管理有限公司（FOA）代表出售。由于体育赛事具有文化的无国界性和参与的全球性，越来越多的转播机构加入转播权的购买中。为了降低交易成本，体育赛事组织或运动员组织选择同中介机构合作销售体育赛事转播权，通过专业的中介机构对体育赛事进行营销，扩大其知名度并提升收益。

四、体育赛事转播权营销中权利的分解与重组

英超出售转播权时，采用集中竞价模式，但根据观众需求，对赛事转播权进行分解，以及深度开发。在2007—2008赛季和2009—2010赛季，英超为其转播权打造了11个产品包，包括俱乐部转播权的运营等（表6-1）。可见，英超的深度开发十分到位，不仅覆盖多种传播渠道，而且将转播权划分为现场直播、延时转播、赛事集锦、手机赛事剪辑、俱乐部自研赛事转播等，还根据赛事的精彩程度、播出时间、播出内容特点、媒体渠道特点等进行细分，形成11个转播权产品包。与此同时，英超正在改革体育赛事转播权的营销，近年来，它给了俱乐部参与比赛转播权营销更多的自由，俱乐部可以通过自己的电视频道、网站等媒体资源发展。

表6-1　英超联赛2007—2008赛季、2009—2010赛季转播权的产品包形式

转播权大类	转播权细分情况	赛事数量	购买转播权的媒介机构	价格（百万英镑）
现场直播	23场第一选择	23	B Sky B	152
	23场第二选择	23	B Sky B	84
	23场第三选择	23	Setanta	65
	8场第二选择和15场第四选择	23	Setanta	65
	5场第一选择、9场第二选择和9场第四选择	23	B Sky B	84
	10场第一选择、7场第二选择和6场第三选择	23	B Sky B	118
	延迟体育比赛转播（非现场直播）	121	B Sky B	14
		121	BT	14
延迟转播	延迟转播，按需片段点播	380	NTL	5
赛事集锦	周六、周日晚间赛事集锦权		BBC	57
手机赛事片断	所有赛事精彩片断	380	新闻国际	10
			B Sky B	10
俱乐部自行开发赛事转播	俱乐部自己拥有的电视频道、网站等媒介资源	俱乐部自己参与的比赛，每个俱乐部自己开发		

从英超的案例中可以看出，赛事转播权营销中存在着分解和重组两大类，具体的营销模式有集中竞卖、打包销售、独家协议销售等方式。

1. 集中竞卖

集中竞卖就是体育赛事的组织者将赛事转播权进行统一的销售，多家媒介机构竞价购买，出价最高的媒介机构获得整体赛事转播权，而不是按照媒介的需要将赛事状况进行拆解分销。集中竞卖有两种形式，一种是转播机构只竞价购买当届赛事的转播权，如每届奥运会的转播权的竞卖；另一种是转播机构竞买多届赛事的转播权，如五年美国职业篮球联盟（NBA）赛事转播权的竞买。

2. 打包销售

打包销售是指体育赛事组织者将体育赛事转播权进行分割，并且重新组

合、打包出售的行为。根据媒介性质不同，可将体育赛事转播权分为电视转播权、网络转播权、纸媒传播权。

（1）电视转播权。电视转播权是指电视机构购买的对报道、现场直播、比赛转播、录像体育比赛的权利。根据比赛内容，《奥林匹克宪章》将电视赛事转播权分为比赛新闻报道权、比赛转播权和比赛集锦权3部分。电视媒体使用3分钟以上的比赛画面就要购买比赛新闻报道权；对比赛进行实况转播或录播，就必须购买转播权；集中播出15分钟以上的比赛画面，就要购买比赛集锦权。

根据传播渠道可将电视媒体的体育赛事转播权分为有线电视转播权、无线电视转播权和卫星电视转播权；根据电视节目的覆盖范围，可分为国际转播权、国家转播权和城市、区域转播权；按播放时间可分为直播权、限时延时播放权和视频录制权。体育比赛转播权将根据购买转播权的电视机构的性质和播出渠道的类型，进行打包销售。例如，在转让赛事的电视转播权时，购买者首先要决定购买该赛事的新闻报道权还是转播权或集锦权，或者购买其中的两项或全部，并根据电视媒体的性质，确定国家广播权和区域广播权。购买直播权的转播商都可以在自己的新闻或相关报道中使用体育比赛的画面，这是世界通行的做法，但如果在自己的新闻中播放体育比赛的画面超过3分钟，就需要购买体育比赛的集锦权，且每次播出间隔时间要超过6小时。

（2）网络转播权。网络转播权是指通过网络并借助接收终端，如电脑、手机等传播赛事的权利，包括直播权、延时转播权、视频点播权等。网络直播权和电视直播权类似，都是在体育比赛进行的同时将比赛视频信息传播出去。目前网络直播多是依靠电视转播机构授权的方式进行的。因而，网络媒体经常获得延时转播权，延时转播权是指网络转播比赛的时间要迟于电视台直播该赛事的时间。由于网络媒体的交互性质，产生了网络点播权，即网站根据用户需要随时提供交互式视频服务。

（3）纸媒传播权。纸媒传播权分为赛场报道权和体育赛事信息内容传播权。赛场报道权指纸媒获得进入赛场并直接对赛事进行采访报道的权利；体育赛事信息内容传播权是指纸媒获得转载其他媒体对体育赛事报道内容的权利。

3. 独家协议销售

独家协议销售是指体育赛事组织者将转播权销售给一个转播商，由这个转播商将体育赛事包装、开发成自己的商品,并对其进行销售。在这个重新包装开发的过程中,转播商既是体育赛事的传播者,又是体育赛事转播权销售的中间商。

第四节 体育赛事特许经营策略

一、体育赛事特许经营的含义和类型

体育特许经营是体育特许经营权人以合同形式将赛事标识的使用权、经营权和收益权授予经营主体,经营主体有权利用体育特许经营权人的标识资源进行重新设计、生产、开发、交易和获利的过程。体育赛事的特许产品能够满足体育爱好者的需求,建立和宣传体育赛事的品牌和文化,拓宽大型体育赛事的盈利渠道,获得可观的利润。

按照内容划分,体育赛事特许经营可以分为。商品商标型特许经营、经营模式型特许经营两种类型。商品商标型特许经营是指特许人向加盟商转让某一特定品牌产品的制造权和经销权。经营模式型特许经营是指在特许经营模式下,特许人授权特许加盟商在限定的区域和时间内使用其商号、经营方式等进行商业运营。

根据产品属性,赛事特许产品经营可分为创造性特许产品、半创造性特许产品、非创造性特许产品三类。创造性特许产品是赛事主办者与商家为赛事创造的产品,如吉祥物。半创造性特许产品是赛事主办者与商家创造出一部分产品,这部分产品是印有赛事特许商标或者吉祥物图案的产品,如纪念币、纪念章、纪念邮票等。非创造性特许产品是印上赛事特许商标或吉祥物图案的纪念产品,如纪念衫、钥匙链、包等。

二、体育赛事特许营销策略

1. 体育赛事特许产品的开发策略

体育赛事特许产品的设计与开发应具有独特性和艺术美感,代表体育精

神、举办地的地域文化，具有鲜明特色。例如，2008年北京奥运会的火炬使用祥云和卷轴来展示中国传统文化的美丽。中国古代的传统纸卷轴是本次火炬设计的主要灵感来源，祥云的名字则取自它自身所蕴含的美好祝福和寓意，在古时候，人们就将这个图案赋予了祥瑞和吉祥的文化含义。漆红的应用使本次奥运会的火炬别具一格，它源于汉代时期，红色和银色相对比，使得火炬具有更醒目的视觉效果。火炬总体优雅华丽，内涵厚重，上下按比例均匀分割，同时使用祥云图案和立体浮雕工艺的设计。

2. 体育赛事特许产品的定价策略

体育赛事特许产品根据蕴含的意义和代表层次不同，分别采取不同的定价策略。体育赛事的吉祥物应该实行垄断高价策略，而且应明码标价。赛事吉祥物主要根据举办地的文化和精神而独创，具有最高层次的代表意义，如2008年北京奥运会吉祥物，就是五个名字谐音为"北京欢迎你"的拟人化的娃娃，除了谐音所包含的寓意外，每个名字分别代表着一个美好的愿望：贝贝代表繁荣，晶晶寓意欢乐，欢欢象征激情，迎迎拥抱健康，妮妮代表好运。通过奥运会，娃娃们把他们的美好祝福带到世界的每个角落，并邀请来自世界各地的人们聚集在北京庆祝2008年北京奥运会。

此外，还应根据消费者购买能力的差异，实行分级定价策略。2008年北京奥运会有3000多种特许产品，如毛绒玩具、徽章、纪念章、文具、挂件、玩具等，这些产品要根据消费能力和产品质量进行分级定价，但是级别不要太多，每级之间应有较大的价格差。

3. 体育赛事特许产品的销售策略

体育赛事特许产品的销售分为排他性销售和非排他性销售。排他性销售是指加盟商对某一类特许商品拥有专有权，即赛事组委会不能再授权其他企业生产、销售相同或类似的产品。这种特许经营可以减少竞争，有效保护特许经营者的利益。但是这种垄断式经营的商品价格较高，不符合大部分消费者的购买力，从而降低大型体育赛事的社会效益。所以，排他性销售要"少而精"，统一管理，稳定市场、价格，维护体育赛事组委会的声誉。

非排他性销售是指赛事组委会可以将某些商品的生产和销售授权给几家符合一定标准的企业。这种销售形式不仅满足了突增的市场需求，也让更多的企业参与到体育赛事中，从而通过这一机会获得经验和体会，提升企业竞争力，具备国际竞争能力。但是由于采用这种方式的企业众多，使得管理复杂，容易出现标准不一致的问题，影响赛事声誉。

4. 体育赛事特许产品的促销策略

促销包括广告宣传、人员推介、业务推广和公关等手段，通过这些手段与目标市场进行沟通，是企业的一种传播和交流的方式。体育赛事特许产品的促销应先和消费者建立良好的公共关系和声誉，创造良好的社会环境，取得公众的信任和支持，通过广告宣传赛事的良好形象，以及体育赛事产品的质量和涵盖的社会意义与纪念意义，再采用降价、折扣、附赠等营业推广模式促进赛事特许产品的销售。

第七章 体育竞赛表演产业与体育彩票业的融合

第一节 体育彩票业的含义

体育彩票业属于体育延伸产业,是建立在体育本体产业基础上,为促进体育本体产业发展而形成的产业,例如竞猜型体育彩票是根据体育比赛结果给予奖金的彩票,必须建立在体育赛事的基础上。赛事结果竞猜的娱乐性和赌博性激发了体育爱好者的消费偏好,从而促进了体育彩票业的发展。

一、体育彩票业

(一)体育彩票的定义

《辞海》(1999年版)对彩票的解释是:"以抽签给奖方式进行筹款或敛财所发行的凭证。" 2009年颁布的《彩票管理条例》给出了彩票官方的定义:彩票是指国家为筹集社会公益资金,促进社会公益事业发展而特许发行、依法销售,自然人自愿购买,并按照特定规则获得中奖机会的凭证。

由于彩票是一种筹款和敛财的工具,在改革开放初期,彩票和奖券发行泛滥,成为一些不良商家敛财的方式,因而从1994年起,中国政府介入彩票业,不允许私营企业发行彩票,由政府统一管理和发行彩票,目前只发行两类彩票:中国福利彩票和中国体育彩票。

狭义的体育彩票是指以体育比赛为媒体发行的彩票,也可被称为竞猜型体育彩票,如足球彩票、棒球彩票、赛马彩票等;广义的体育彩票是指发行彩票的目的与体育相关的各类彩票。中国的体育彩票就是为了筹集体育事业发展资金而发行的,既有依托体育赛事而发行的彩票(如足球彩票),也有不依托赛事发行的体育彩票（如超级大乐透）。

（二）体育彩票业的定义

体育彩票业的规模和利润颇高，增长速度快，但是由于彩票的公益性质，在2015年之前我国政府并未将体育彩票产业单列出来。一直到2015年8月，国家统计局发布了《国家体育产业统计分类》，体育彩票服务（分类编号：8930）出现在体育产业分类中，包括体育彩票管理、发行、分销等服务。至此，由于体育彩票行业销售额体量巨大，已经具备了产业特性，才将体育彩票业作为体育产业的一部分进行核算。在我国2019年发布的《体育产业统计分类》中，体育彩票服务（分类编号：0830）依然被单列，可见国家对体育彩票产业发展的重视。

2018年，中国彩票业的收入达到5114.72亿元，其中福利彩票销售收入为2245.56亿元，体育彩票的销售收入为2869.16亿元，体育彩票的销售额首次超过福利彩票，比福利彩票的销售收入多623.6亿元。这是因为2018年的世界杯吸引了众多的球迷，越来越多的体育爱好者参与到体育赛事的竞猜中，促进了体育彩票销售收入的快速增长。2018年体育服务业的收入为6530亿元（不包含体育彩票业），体育彩票业的收入占体育服务业收入的43.9%，体育彩票业的发展不容小觑。

二、体育彩票业的起源和发展

（一）国外体育彩票业的起源

国外体育彩票起源于两千年前的罗马帝国时期，彩票被用于筹集举办节日庆典和大型活动的资金。这种具有博彩性质的娱乐活动开始流行于皇室和商界，后来在国内盛行并流传至世界各地。热那亚共和国的塞雷尼斯梅学院在球上写上人名，通过抽球的方式选出新法官。1519年，"彩票之父"贝内德托·根蒂勒认为以前抽一次太少，因而用数字替代了名字，将90个数字写到90个球上，从中抽取5个球用以挑选议员，90选5的乐透型彩票从此诞生。1922年，出现了竞猜型体育彩票，英国利物浦的"小森林队"邀请球迷对足球赛的比分下注。1934年，瑞典发行了第一张基于足球比赛的乐透型体育彩票。

美国体育彩票的销售量占据世界第一的位置。1964年，第一张体育彩票在新罕布什尔州发行。1967年，纽约州开始发行体育彩票。美国是一个体育大国，有着大批热爱体育运动的民众，政府对体育也非常重视，体育彩票也由此获得球迷的喜爱。截至2008年，美国已有42个州发行体育彩票，共销售体育彩票458.36亿美元，人均购买355美元。

法国从20世纪80年代初开始发行体育彩票，多年来为体育事业提供了大量的经费。国家体育基金会70%的资金也来源于体育彩票。1992年，法国奥委会从体育彩票上获益1.66亿美元。目前，法国有70%~80%的居民经常购买各种彩票。

北美和欧洲等发达国家经历了彩票是否属于赌博的辩论，最终在民意之下，各国用立法形式确立了彩票的合法地位。世界彩票协会是由国际足球和乐透型彩票组织协会和国家彩票组织国际协会在1999年合并成立的，是目前世界上唯一的彩票行业国际组织。

彩票从产生至今，大约有两千年的历史，如今已有180多个国家发行各种形式的彩票，形成健全的彩票体系，成为世界第六大产业，彩票已成为许多国家财政经费的来源之一，为许多国家政治、经济和文化繁荣作出了一定贡献。

（二）中国体育彩票业的起源和发展

体育彩票是随着西式赛马产生的，赛马主要在上海、天津、武汉等城市进行。中华人民共和国成立之初，赛马被停止，买卖体育彩票一直被视为资产阶级倾向，被政府明文禁止，彩票销售随之停止。改革开放后，人民思想不断解放，许多人意识到彩票积累资金的作用，中国开始销售福利彩票和体育彩票。体育彩票销售主要用于筹集举办体育赛事和大众健身训练的资金。

1984年10月，为了举办北京国际马拉松赛而筹集比赛资金，中国田径协会和体育服务公司共同发行了北京国际马拉松奖券。此次奖券的发行是发行体育彩票的最初尝试，是中华人民共和国体育彩票历史上值得纪念的一个里程碑。1984年11月，福建省发行了体育设施建设彩票，江苏、广东、河北、天津、贵州、四川、浙江等省市也相继发行了地方性体育彩票。1992年经国务院批准，国家体委先后发行了第六届全运会、第一届东亚运动会、第一届农运会、第十一届亚运会等阶段性体育彩票，筹集了上述运动会的部分经费。截至20世纪90年代初，全国大多数省区已经开始发行体育彩票，这些都为筹集建设体育场馆资金、举办大型体育比赛等起到了很大的作用。

1994年，国家体委向国务院申请在全国范围内统一发行、统一印制、统一管理体育彩票。经批准，1994—1995年度共发行10亿元体育彩票。筹集的3亿元资金主要用于补充第43届世乒赛等13项大型赛事的举办经费的不足，为体育事业的发展开辟了一条新路。1994年4月5日，国家体委体育彩票管理中心正式成立，经中国人民银行批准，国家体委主任伍绍祖于1994年7月签署了国家体委《第20号令》，并予以颁布实施。这标志着我国体育彩票事业开始进入法治化、规范化的管理轨道。

三、体育彩票的种类和特性

（一）体育彩票的种类

体育彩票的类型主要有传统型、即开型、乐透型、数字型、竞猜型。随着IT技术的发展，乐透型和数字型彩票也得到快速发展，竞猜型彩票成为发展前景最好的彩票，新型彩票——视频型彩票出现。

1. 传统型

传统型彩票指的是以任何抽奖的方式决定获奖者的彩票，如购买者所持有的彩票的号码与抽出的号码一致，即可获奖。这种彩票票面上有事先印制的号码，购买者购买后要等待公开摇奖的结果才能知道自己是否中奖。传统型彩票在商业促销活动中偶尔会使用，以活跃活动气氛。

2. 即开型

即开型彩票也称即开即兑型彩票，是世界上流行的第二代彩票。即开型彩票发行者将中奖号码印制在彩票上，用某种介质覆盖，事先公布中奖号码，购买者选购后即可刮开遮盖物，以确定是否中奖。由于传统型和即开型彩票的号码或图案都是事先印制在彩票上的，购买者无法自主选择，所以它们又被称为"被动式"彩票。体育彩票顶呱刮就属于此类彩票游戏。

3. 乐透型

"乐透"一词来源于外文" lotto "的译音，原意为"分享"。乐透型彩票可以由彩民自主选号，比即开型彩票和传统型彩票更具有灵活性和娱乐性。现代乐透型彩票分为乐透组合和乐透排列两种。乐透型彩票的销售额占据了整个彩票市场销售额的相当大的一部分,世界上任何一个有彩票的地方都有乐透型彩票。

4. 数字型

数字型彩票有三位数和四位数的玩法,通常是每天开奖,购买者选取一个三位数或四位数的组合。组合方式不同决定资金的多少,组合方式主要有排列和组合两种,前者要求所预测的号码必须与开奖的号码在顺序和数字上完全一致,后者则无顺序要求,只要数字相同即可。中国体育彩票的"排列3""排列5"都是数字型彩票。数字型彩票在美国最流行,有20多个州发行这种彩票。

5. 竞猜型

竞猜型彩票指彩票购买者猜测某场体育比赛的结果,并为竞猜结果投注的彩票。中国足球的胜负彩为竞猜型彩票。由于体育比赛结果本身带有很大的偶然性,加上赛事商业化,一些人为了牟利而控制比赛、打假球,使得竞猜型彩票的销售受到很多限制。因此,体育比赛的公正性、公平性是健康、顺利发行竞猜型彩票的重要前提。

6. 视频型

视频型彩票是随着互联网出现的新彩票,包括视频彩票终端和视频游戏机等模式。视频型彩票具有在线投兑、玩法多样、趣味互动、方便快捷等特点,受到广大彩民的喜爱。"中福在线"就是我国福彩发行的视频型彩票。2018年,我国视频型彩票的销售收入为474.418亿元,占彩票销售总量的9.3%。

(二)体育彩票的特性

1. 社会性

体育彩票的社会性体现在对体育项目进行丰富的渲染。购买竞猜型体育彩票的智力性和娱乐性激发了人们对体育赛事的关注和热情,加深了人们对体育项目的了解,为赛事开展奠定了广泛的群众基础,对赛事进行了深层次的文化宣传,能进一步加强国家对体育产业重视度的宣传,培养民众对体育产业的热爱和支持,增强全民参与体育的意识。

2. 公益性

体育彩票的销售所得主要用于体育事业和公益事业的发展。体育公益金的使用范围和内容主要包括：资助或组织开展全民健身活动，用于群众性体育活动、全民健身科学研究宣传、全民体质监测、社会体育指导员培训和群众体育队伍建设等；弥补全市性大型体育赛事活动经费不足；资助全市高水平体育后备人才培养和省级以上综合性运动会参赛备战；修整和增建体育设施器材；体育扶贫工程专项支出。

3. 娱乐性

作为一种传播的载体，体育彩票在带动相关产业链发展的同时可以极大地丰富民众的文化娱乐生活。体育彩票游戏的娱乐性主要体现在彩民游戏过程中的"买、看、比、兑"四个环节，也就是通常所说的游戏玩法。彩票产业化的过程就是将游戏玩法规则化、游戏规则产品化、游戏产品商品化，由此形成彩票市场，吸引众多彩民参与。

4. 特许性

我国政府严格控制体育彩票的发行额度、发行类型。国务院对年度彩票发行规模实行额度管理，国家体育总局发行体育彩票时要向财政部提出额度申请，财政部审核汇总后报国务院，经国务院批准后由财政部将发行额度下达给国家体育总局，国家体育总局据此制订具体分配方案并组织实施。在年度执行中，财政部可根据彩票市场的发展情况，会同民政部、国家体育总局提出调整彩票发行额度的意见，报请国务院批准后执行。

5. 市场性

体育彩票的发行要符合市场需求，遵循市场经济规律，根据公开、公平、公正的市场运作规则，保质保量地完成市场运作，杜绝以此为由的欺诈行为。要杜绝彩票摇号骗人事件、西安宝马彩票案事件、变相互联网售彩事件的发生。要根据市场特点、市场需求销售适当的体育彩票类型，选择适当的销售方法，设置合理的销售网点。

6. 经济性

体育彩票业是体育产业的重要组成部分，体育彩票的销售收入在体育产业产值中的占比非常高，刺激了体育产业的发展，为发展国家体育事业提供了重要的资金来源。所以，世界各国为体育彩票的发行提供了法律支持，以刺激当地经济的发展，并获得公益资金。美国内华达州为了振兴经济而使体育博彩合法化，体育博彩及相关旅游业为该州带来了巨大的财政收入。拉斯维加斯也因为体育博彩成为著名的赌城。1951年，美国联邦政府开始对所有体育博彩征收10%的税，压制了体育博彩业的发展。1974年，国会将体育彩票的税收减至2%，从而促进了拉斯维加斯体育博彩的重生，同时也为政府带来了税收收入。

第二节 体育彩票对体育竞赛表演产业的作用

一、体育彩票的销售额构成

体育彩票销售总额的用途由奖金、发行成本费和公益金三部分组成。根据2009年开始实施的《彩票管理条例》，中国体育彩票销售额由奖金、发行费、公益金三部分组成。

1. 奖金

奖金是向获得中奖资格的体育彩票购买者支付的奖金。一般情况下，奖金占体育彩票销售总额的比例不低于45%。奖金的等级及金额由地方机构自行安排。在销售体育彩票的同时，地方机构应公布中奖办法。中奖办法包括中奖说明、奖级划分、中奖名额、奖励形式、开彩时间、地点、公告媒介、兑奖地点和兑奖期限等内容。

2. 发行费

发行费是指用于印制、发行、代销体育彩票及相关的设施和设备购置、租赁、维护等项目的资金支出。彩票发行费主要用于体育彩票网点的销售佣金支付、体育彩票销售机构的日常开展工作支出等。根据我国的相关规定，发行费占体育彩票销售额的比例不得高于25%。其中，体育彩票印制费占4%，国家体育总局体育彩票管理中心的体育彩票发行费占1%，其余的20%为地方机构发行和零售商的代销费和销售佣金。根据不同的实际情况和彩票类型，全国各省份销售佣金所占比例也存在一定差异，一般在8%左右。

3. 公益金

公益金是指从彩票销售额中提取的用于国家公益事业的资金。西方国家彩票的部分收益在体育中的用途主要有四个方面：一是为国家体育协会提供长期财务保障；二是协助奥林匹克、残奥会和国家运动会组织筹款；三是协助一些小众运动项目发展；四是提高基层体育运动为个人和社会带来的利益（如健康、包容性、社区凝聚力等）。

筹集公益金是中国政府发行、销售彩票的主要目的。根据我国《彩票管理条例》的规定，彩票公益金应该被纳入中央及省级财政统一管理，不得用于平衡一般性财政预算，应专项用于教育、医疗救助、体育等社会公益事业。2018年，国家体育总局将本级体育彩票公益金的70%用于开展群众体育工作，30%用于资助竞技体育工作。具体用途如下：国家体育总局安排彩票公益金20.8948亿元，用于援建公共体育场地设施和捐赠体育健身器材，资助群众体育组织和队伍建设，资助或组织开展全民健身活动，组织开展全民健身科学研究与宣传，促进全民健身事业发展；另安排彩票公益金8.975亿元，用于举办全国综合性运动会、资助高水平体育后备人才培养、支持国家队备战和参加国际综合性运动会等。

二、体育彩票的销售额分配原则

（一）各类彩票销售额的分配比例

不同彩票品种的奖金、发行费、公益金提取比例有所不同。一般情况下，彩票的公益金提取比例在18%以上。体育彩票种类不同，彩票奖金所占比率（又称"返奖率"）也不尽相同，最高达到73%，最低为50%。例如，7星彩按当期销售额在奖金、发行费和公益金上的分配比率分别为50%、13%、37%，返奖奖金分为当期奖金和调节基金，49%为当期奖金，1%为调节基金。竞彩单场游戏按销售总额的73%、9%和18%分别计提奖金、发行费和公益金，彩票奖金中，72%为当期奖金，1%为调节基金。

（二）公益金的分配

根据国务院批准的彩票公益金分配政策，彩票公益金在中央和地方之间按50∶50的比例分配。彩票公益金专项用于社会福利、体育等社会公益事业，被纳入政府性基金预算管理，专款专用，当年余额结转到下年继续使用。地方留成彩票公益金由省级财政部门会同民政部、体育局等有关部门商定分配原则。

中央集中的彩票公益金在全国社会保障基金、中央专项彩票公益金、民政部和体育总局之间的分配比例分别为60%、30%、5%和5%。

依据《中央集中彩票公益金支持体育事业专项资金管理办法》，体育彩票公益金的资助范围包括群众体育和竞技体育。资助群众体育的内容包括援建公共体育场地、设施和捐赠体育健身器材，资助群众体育组织和队伍建设，资助或组织开展全民健身活动，组织开展全民健身科学研究与宣传。资助竞技体育的内容包括资助举办全国综合性运动会、改善国家队训练比赛场地设施条件、资助高水平体育后备人才培养、支持国家队备战和参加国际综合性运动会、补充运动员保障支出。

三、体育彩票对体育竞赛表演产业的促进作用

体育彩票业和体育竞赛表演业相互促进。首先，体育彩票业促进了体育竞赛表演业的发展。在2017赛季，除了布莱顿以外，英超其他19支俱乐部都拥有博彩赞助商。其次，体育竞赛表演业也促进了体育彩票业的发展。通过英超，博彩公司将自己的商标与形象展示在公众面前，从而间接避免了在电视广播等传播渠道上做广告的限制，进一步增加了自己的曝光度与知名度，进而促进了体育彩票业务的开展。球迷对博彩公司的认知度上升，就会去买体育彩票，使得博彩公司获取可观的收益。而对赛事组织者来说，球迷更多的投入会增加他们的黏性和忠诚度，从而实现共赢。

1. 体育彩票能够加深人们对体育的认识

发行体育彩票是广泛宣传体育赛事的一种最直接的方式。选择和购买体育彩票使体育竞赛更具吸引力。发行体育彩票能进一步激发民众对体育赛事的关注、对球队的支持、对体育赛事项目的了解。以篮球彩票为例，购买篮球彩票

会使很多人关心篮球，研究各球队的技、战术特点，进而提高篮球比赛的上座率和收视率，加深人们对篮球比赛的了解程度。

2. 体育彩票的发行为受众提供了一种新的闲暇娱乐方式

选择体育彩票品种，购买体育彩票，参加抽奖，这一过程为民众带来了快乐和享受，满足了人们的博彩心理，鼓励人们为体育作贡献。特别是竞猜型彩票，由于体育比赛结果的不确定性，人们对赛事结果的预测更像是一场智力游戏，使观众观看比赛更关注，也增加了娱乐氛围。

3. 体育彩票的发行增加了赛事的收入

购买竞猜型体育彩票的人，都希望自己买的体育彩票能够中奖，也就是希望自己对参赛队伍的输赢的判定是正确的。因而，在赛事举办期间，竞猜型体育彩票吸引了更多的观众通过电视或者到现场观看赛事，提高了赛事的收视率和上座率，增加了赛事的转播权收入和门票收入，从而增加了体育竞赛表演业的收入。

4. 体育彩票业提供了新的劳务岗位

发行体育彩票，印刷制作、宣传引导、销售发行等程序均需要庞大的劳务及人力系统的支持，扩大就业的途径显而易见，作用明显。当2009年全球性经济衰退来临之时，就业成为整个社会最关注的话题。体育彩票上市之初，推出了面向下岗、无业人员、残疾人的优惠政策，帮助了众多无业人员就业。到2017年，体育彩票销售规模不断扩大，全国约有13万销售终端，直接为社会提供了约50万个就业岗位。

5. 体育彩票为体育竞赛表演业筹集了发展资金

在国际上，体育彩票的一个重要用途就是资助竞技体育，为精英运动员的培训提供经费。欧洲许多国家将体育彩票的收益用于发展竞技运动。在英国，国家彩票资金为2012年伦敦奥运会和残奥会的举办提供了近22亿英镑的资金。在伦敦奥运会后的四年中，国家彩票为英国的精英体育活动提供了约3.37亿英镑的资金。其中，运动员援助奖（即直接支付给表现出色的运动员，以支持他们的奥林匹克/残奥会准备工作）仅由国家彩票赠款资助。在领奖台上，每位运动员每年直接获得的支持通常价值为36000~60000英镑。

第三节 体育彩票的管理

一、体育彩票销售中存在的问题

1. 体育彩票销售中的道德问题

彩票可能会使未成年人过度赌博。美国的一项研究发现,美国最贫穷的家庭中有三分之一购买了所有彩票。另一项研究发现,在社会经济规模上,收入最低的20%的家庭平均彩票花费占收入的比例是收入最高的20%的家庭的两倍以上。2002年的一项调查发现,在过去的一年中,有66%的美国人玩过彩票,还有13%的人表示他们是每周玩。

2001年在英国进行的调查研究表明,尽管体育博彩对16岁以下的人销售是非法的,但仍然有47%的12至15岁儿童在国家彩票刮刮卡上赌博,而在主要彩票购买中则有40%。自2008年以来,未成年人赌博的比率一直稳定,男孩比女孩更容易赌博,来自单亲家庭和没有父母工作的家庭的孩子更有可能赌博,认为自己在学校表现不佳的孩子也比那些认为自己在学业上表现良好的孩子更有可能赌博。普利茅斯大学赌博社会影响研究中心的苏·费舍尔(Sue Fisher)博士说,引入彩票后,儿童可能面临其他形式赌博的风险。彩票赌博可能会使其他赌博行为更具吸引力。

2. 彩票发行中的不公平问题

在体育博彩中,往往出现操纵体育比赛结果、抽奖不公平等问题。2015年,韩国警方调查韩国篮球联赛比赛,该比赛涉及11名球员,其中至少一名球员涉嫌故意射门,试图改变比赛结果。据称,其他被调查的玩家将赌注放在体育博彩网站上。由于公众对基于体育赛事结果博彩的不信任,许多国家禁止企业经营体育博彩,由政府指定机构或组织统一经营博彩,但也难以避免操纵体育赛事丑闻的情况。因而,各国应加强对彩票发行的司法监督,才能避免不公平的问题出现。

3. 公益金使用的优先级问题

彩票公益金可以用于教育、环境、艺术等事业的发展，而不单单是用于竞技运动或群众体育。因而，在使用体育彩票公益金时，应该确定公益金使用的优先级。在韩国，国家彩票由政府机构韩国彩票委员会管理，它有权发行、出售和管理彩票产品，但它会将大多数运营细节委托给私人彩票公司。自2003年以来，国家彩票的年销售额一直保持在约2.4万亿韩元，分配国家彩票净收入的优先领域是低收入群体的住房补贴、特殊福利项目、救灾、对"国家功勋"（退休军人）的福利支持、文化、艺术、运动。韩国文化体育观光部获得了国家彩票收入的一部分。韩国体育用品促进会（KSPO）从Sport TOTO和Proto这两种彩票产品中受益。资金被分配给国家体育促进计划（如基层体育和体育活动），以及体育基础设施的建设（如休闲体育设施），从而使整个国家能够平等地享受体育参与的好处。自1989年成立以来，韩国体育用品促进会已在体育方面投入约5.3万亿韩元。

二、中国体育彩票管理中存在的问题

我国体育彩票管理中目前存在的较大问题是体育彩票销售收入分配问题。政府为了筹措发展社会体育公益事业所需资金而发行彩票，因此体育彩票发行所筹集到的资金必须按一定的比例进行合理分配。2002年1月以前，体育彩票销售收入的分配比例：奖金占50%，特等奖单注封顶最高可达500万元人民币；发行费占20%，公益金占30%。2002年1月以后，国家对体育彩票销售收入的分配比例进行调整，将公益金的提取比例由30%提高到35%。国家体育总局根据中国体育事业发展的需求，把公益金的60%用于推进全民健身计划，40%用于实现奥运争光计划。目前，用于国家体育总局的彩票公益金每年约8亿元人民币，这与国家财政划拨的体育经费大体持平，说明体育彩票公益金已经成为支持中国体育事业发展的重要资金来源。这种分配标准对沿海和经济发达地区基本适合，而对于绝大多数内陆经济欠发达地区是难以维持发行成本的。所以，从体育彩票资金分配比例来看，返回市场比例少，发行成本高，融资效率低。

三、中国体育彩票管理的改进

1. 合理分配体育彩票销售收入

合理分配体育彩票销售收入既要保证彩票公益金的分配比例，也要激发各地方体育彩票发行部门和彩民的积极性。激发彩民积极性最有效的办法就是提高返奖奖金，以比较高的回报来激发彩民的积极性。国外比较通用的做法就是提高返奖奖金，以高额的奖金激发彩民购买彩票的激情，而政府则采用征收个人所得税的办法来增加财政收入。在中国体育彩票的不断发展过程中，合理分配体育彩票资金，激发各地方体育彩票发行部门和彩民的积极性，才能促进体育彩票业的长久稳定发展。

2. 提高彩民的知情权

彩票财务制度是"收支两条线"，即两个国家彩票中心和所有省级彩票中心只负责发行和销售彩票，而不负责彩票销售收入的分配、公益金的使用，甚至不用关心发行成本。彩票销售收入要先上缴给财政部门，财政部门再返给国家彩票中心和发行与销售机构。"收支两条线"有其优势，能够由政府统一决定彩票公益金的合理使用，但也会产生负面问题，造成彩民知情权的缺失，降低彩民购买彩票的积极性。因此，可以借鉴国外彩票的"一条线"财务管理制度。例如，专门为赛事开发的彩票，而彩民在购买彩票时已经明确知晓了彩票公益金的去处和用途，即使没中奖，也知道自己购买彩票可以帮助赛事的举办，这就增加了彩民的知情权和社会责任心，提高了彩民购买彩票的积极性。

3. 加强培训相关从业人员

各地市体育彩票管理机构要加强对彩票销售人员的培训，要求其持证上岗。培训内容主要有基础玩法、销售技巧、投注机操作等。从业人员的规范化能够提升体育彩票销售人员的专业化水平，让销售人员把握彩票业的市场规律，熟悉客户需求，为广大彩民提供专业、优质的服务，有利于扩大彩票市场，增加彩票销售收入。

第四节　体育竞赛表演产业与体育彩票业融合发展策略

一、体育彩票的发展趋势

1. 互联网彩票兴起，"90后"将成为购买彩票的主力

2010年，财政部发布《互联网销售彩票管理暂行办法》，认可"互联网"是一个合法的销售彩票的渠道，但同时也规定，开展网上销售彩票业务需要获得财政部的批准。2018年初，中国福利彩票发行管理中心对互联网出售福利彩票整体营销策划及项目进行公开招标，互联网将成为销售彩票的重要渠道。

"90后"是互联网彩民中的核心购买者。他们大多有比较强烈的自我意识，做事喜欢跟着兴趣走。生活上的无忧无虑使得他们更加追求富足的精神生活。因而，"90后"更注重健身，喜欢观看体育比赛。互联网彩票为"90后"人群提供了方便快捷的彩票购买渠道和新的娱乐方式，使得他们成为庞大的体育彩票需求市场。

2. 体育彩票的销售量、公益金逐年增加

从1994年到2017年，中国体育彩票从无到有，销售额从"十亿"迈向"千亿"。1994—1995年度销售额仅为10亿元，筹集公益金3亿元。截至2017年12月31日24时，中国体育彩票2017年的销售总额为2096.92亿元，筹集体育彩票公益金523.26亿元，是1994年的174倍。由于体育彩票公益金的支持，中国的竞技体育有了长足发展，运动员在国际赛事上不断创造辉煌成绩。遍布社区和乡村的健身步道、全民健身中心、青少年俱乐部、校园足球计划也得到了体育彩票公益金的资助，让广大民众享受到了全民健身运动带来的益处。

3. 竞猜型体育彩票玩法多样化

集趣味性、互动性于一体的竞猜型体育彩票最能凸显体育运动的竞技性、胜负观、娱乐性，从而颇受彩票消费者的喜欢。2018年，由于世界杯的举行，中国竞猜型体育彩票销售额高达1655.51亿元，筹集公益金303.10亿元，竞猜型彩票的销量占当年体育彩票总销量的57.7%。竞猜型彩票已经覆盖了世界上绝大多数的重大国际赛事，而且玩法多样。彩民要想成为"大赢家"，就必须时刻了解赛事规则、关注比赛、研究比赛。

4. 体育彩票管理更趋于规范化

《彩票管理条例实施细则》和《互联网销售彩票管理暂行办法》的出台，促进了彩票市场的健康发展，规范了互联网销售彩票行为。然而，互联网彩票销售仍然存在诸多问题，出现了擅自使用互联网销售彩票的现象，严重地扰乱了彩票市场的秩序。2016年5月，财政部、公安部等五部门联合发布《关于做好查处擅自利用互联网销售彩票工作有关问题的通知》，进一步规范了互联网彩票的管理。

5. 体育彩票业经营的跨国化

由于互联网技术在彩票销售和管理中的应用，大量彩民跨境流动，为了便于彩票的跨境销售和兑奖，提高彩票收益，彩票的跨国、跨洲联销成为彩票业发展的一大趋势。世界杯、欧洲杯等国际性影响巨大，观众遍及全球，这些国际赛事为全球彩民提供了竞猜型彩票消费的商业基础，彩票的全球化市场潜力巨大，有利于体育彩票经营的全球化。2004年，英国、法国、西班牙三国联合首发的"欧洲百万"彩票是世界上第一种跨国彩票，也是世界上最大的跨国彩票，现在已有9个国家加盟并发行此种彩票。它每期高达5亿美元的奖池，更是令彩迷疯狂。2017年，又开出近15亿元人民币的巨奖，可以说，"欧洲百万"已经成为彩票跨国发行的成功范例，开启了彩票跨国发行的先河。

二、体育彩票业与体育竞赛表演产业融合发展的措施

2014年之前，我国体育彩票业发展迅速，每年体育彩票的销售额都大幅增长（图7-1），平均每年增长20%以上；到了2015年，体育彩票销售额减少，增长幅度为-5.67%。然而，在2016年和2017年体育彩票销售额又大幅增长，2017年更是突破了2000亿元，但增长幅度不如2014年之前。这说明虽然体育彩票业的市场体量巨大，发展前景较好，但发展速度已经减慢，必须采取得当的措施促进体育彩票的销售，与体育竞赛表演产业融合，依据国内有影响力的赛事开发出新的体育彩票品种和玩法，吸引更多的体育彩票消费者，扩大体育彩票市场。

图7-1 2008—2017年中国体育彩票销售额及增长幅度

1. 通过体育赛事结果竞猜增强彩票娱乐性

彩票的娱乐性是彩民消费需求动机之一。现代人的生活节奏较快，喜欢娱乐性的文化消费。如果体育彩票的种类比较单调，玩法娱乐性不强，将失去彩民，不能开拓新的消费市场。如何创新体育彩票形式、增强其娱乐性是体育彩票机构必须解决的问题。这几年是体育产业高速发展的时期，许多国际和国内的大型体育赛事在国内举行，越来越多的人开始关注体育赛事，在互联网上下载和观看体育赛事，同时开展各种竞赛结果竞猜活动，将增强彩票的娱乐性。开发不同的体育彩票玩法也将增加人们的娱乐活动，增强人们购买体育彩票的娱乐性。

2. 依据赛事开发新的体育彩票品种，更新彩票玩法

依据赛事项目对传统的体育彩票加以改进，开发新的体育彩票品种，依据互联网技术和计算机技术创造新的玩法和开拓新的市场。增加赛事结果竞猜型彩票的种类，在传统的足球、篮球、橄榄球等竞猜彩票的基础上，开发出其他赛事项目的竞猜型彩票。比如，开发出关于乒乓球、羽毛球赛事的彩票品种。利用计算机中的随机数算法开设新的抽奖方式和玩法。

3. 利用互联网技术发行体育彩票

现在，人们已经习惯用互联网观看赛事和购物。互联网彩票销售规模剧增

说明了彩票与互联网的密切关联性。但自从互联网彩票禁售以来，彩民只能到实体彩票店购买，购买彩票的非便利性导致一大批潜在的年轻彩民不再购买彩票。体育彩票行业想跟上时代的步伐，需要利用好互联网平台，尽快推动互联网赛事竞猜型彩票的发行，加大宣传力度，以吸引更多年轻人的目光，让年轻人在通过互联网观看体育赛事的同时，参与赛事结果的竞猜，购买相应的竞猜型体育彩票。

4. 丰富销售人员的体育赛事知识

若体育彩票的销售人员不懂得体育赛事知识和动态发展，即使销售人员服务态度亲切，他们也不知道如何回答彩民提出的一些有关体育赛事专业的问题。因此，只有培养专业的、熟知体育赛事知识的体育彩票销售队伍，才能够向体育彩票购买者详细介绍体育彩票的含义，引起体育彩票购买者的兴趣，推广体育赛事彩票，增加体育彩票的销售量。

5. 规范体育彩票和体育赛事的行业秩序

由于体育彩票的赔率和销售量必须根据体育赛事的结果来定，体育彩票销售组织又能够给体育赛事的举办提供重大的资金支持，所以经常出现体育彩票销售组织操纵体育赛事结果的情况。这种操作并不利于体育赛事产业的良性发展，会出现故意输掉比赛、侵害彩民利益的情况。因而，应加强体育彩票和体育赛事的行业管理，规范行业秩序，真正实现体育比赛的公平、公正，保护体育彩票消费者的利益，促进体育彩票行业和体育赛事行业的良性发展。

6. 加大宣传力度，改变购买彩票的理念

在对上海彩民的调查中发现，以"中奖发财"为目的的彩民最多，占68.7%；其次是"支持中国体育的发展"（10.5%）、"娱乐"（13.5%）；"信任体育彩票品牌"（2%）的最少，说明诸多彩民并没有真正理解中国体育彩票设立的目的，而是将购买体育彩票作为发财的捷径。因此，体育彩票管理机构可通过宣讲会、电视广告、网络广告、微信公众号等方式进行多渠道宣传，让消费者感受到参与体育赛事竞猜和购买体育彩票的趣味性和赛事结果预测正确的成就感，从而促进体育彩票的销售，也吸引彩民对赛事更多的关注。

7. 公开彩票销售收入的用途

公开透明是体育彩票事业的"生命线"，是建立体育彩票管理机构公信力

的重要原则。不仅要公开透明彩票发行成本和费用、彩票公益金的分配使用，也要公开透明玩法规则、开奖过程等。信息越公开、透明、详尽，就越能维护彩票美誉度，越能让人们把购买彩票当作一种慈善，人们就越愿意相信彩票收入被用于体育运动队和体育赛事的支持和发展。

8.细分消费群体，通过新媒体渠道开展营销活动

采用互联网技术和大数据挖掘技术对彩民进行聚类分析，将彩票分成不同的细分群体，分析每个群体的体育彩票消费特征，并针对不同的彩票消费群体开发相应的广告和推广活动。美国一些彩票发行机构开始利用Facebook、Twitter、YouTube、视频网站（如Hulu）、流媒体音乐播放平台（如Pandora、Spotify）等"00后"喜欢的媒体平台推广彩票，并且设计专门针对"00后"的推广活动。

第八章 体育竞赛表演产业与传媒业的融合

第一节 传媒业发展的历史

一、传媒业的概念

广义的传媒业提供信息和娱乐两种产品或服务。在国外,体育竞赛表演业被划分到娱乐业中,因而,本文中的"传媒业"特指提供娱乐产品的传媒产业,以便分析传媒业与体育竞赛表演业融合的历史和条件。

传媒行业通过电视、广播、印刷、互联网、墙体、显示屏为观众提供各种各样的内容。媒体行业可分为几个子行业,包括印刷媒体(报纸、杂志和书籍)、音频(如唱片、广播、磁带、CD和DVD)、视觉媒体(如电视剧、网络剧、电影、综艺节目等)和互联网媒体(如计算机和移动互联网)。

二、全球传媒业的发展历史

18—19世纪的工业革命发生后,劳动生产率得到极大的提高,生产力得到解放,生产效率提高,社会财富增加,产业工人不断增加,使得人均工作时间明显缩短,人们有了更多的休闲时间,对社会事件更加关注,对知识、信息、娱乐的需求大幅增加,从而促进了传媒业的快速发展。

20世纪初,美国的福特汽车公司对工厂生产流程进行了划时代的改革,开始推行流水线生产模式,实行了大规模生产,大幅提高了生产效率,建立了现代化的工业体系,并在1926年提出了五天工作制。第二次世界大战结束后,五天工作制扩展到美国所有行业,使人们有大量时间用于学习和休闲娱乐活动,在此时代背景下,美国的传媒产业获得了发展机遇。

到20世纪下半叶，主要发达国家的农业和制造业的劳动生产率已达到极致，大量工业工人转向服务业，平均每年工作时间缩短，导致发达国家人民每周工作时间大幅减少至40小时以下。1950年以后，美国制造业工人的工作时长基本保持不变，而服务业工人的工作时间则急剧下降，从1965年左右的每周39.5小时降至2009年的32.5小时。随着服务业在国民经济中的比重越来越大，美国社会工作时间进一步减少，大众娱乐消费需求得到较大释放。在此期间，日本和德国的工作时间减少得更为显著。由于发达国家的休闲时间和休闲消费日益增多，进一步促进了发达国家大众娱乐消费需求的释放，促进了娱乐业和传媒业在全社会的发展。

目前，随着发达国家人们的娱乐消费时间的日益增多、网络技术和计算机技术的日益发达，传媒渠道不断更新，互联网成为主流的传媒渠道，人们可以通过电脑、手机、智能平板等智能计算机硬件随时随地获得信息，促使传媒业的发展空前繁荣，前景广阔。根据Carat的统计分析和预测，2020年全球娱乐消费平均每周接近100小时，娱乐时间比以往更加分散。全球媒体产业的总规模预计1万亿美元，依托互联网技术的新兴传媒业发展迅速，而传统媒体产业出现萎缩，其中纸媒业的衰退是最显著的。

纸媒业（Print，包括报纸和杂志）在1900—1940年是传媒业的主体，人均每周用时10小时，占当时每周娱乐时间的一半。1940年之后，规模占比呈下降趋势，2000年之后呈萎缩趋势。到2020年，人们每周看纸媒的时间约为5小时。

模拟广播业（Analogue Radio）在1920—1940年飞速发展。在1940年，每周用时5个小时，占比达到最高峰。1940年之后，随着模拟电视业的出现，模拟广播业的规模减小，2000年之后呈萎缩趋势。

模拟电视业（Analogue TV）在1940年之后呈现爆发式增长，成为主流媒体，一度占到媒体产业的60%以上。在2000年，模拟电视业达到高峰，人均每周花费在模拟电视上的时长达30小时以上。随后因为网络媒体和数字电视的兴起，在2020年，模拟电视用时接近0。

数字电视业（Digital TV）在1980年之后萌芽并发展，到2000年迎来了大发展时期，在2020年，数字电视业已经占到传媒业的半壁江山，成为传媒业的主体产业，每周人均用时达30小时以上。

数字广播业（Digital Radio）也随着互联网的发展从1980年开始发展，呈增长趋势，到2020年人均每周用时达5小时。

互联网传媒业（Internet）从1980年开始发展，在2000年后的发展突飞猛进，到2020年人均每周用时20小时以上。

电影业（Cinema）从1900年就开始发展，但在整个传媒业中占比不高。到2020年，人均每周花在看电影上的时长不到3小时。

户外传媒业（Outdoor）的发展比较稳定，占比不高，在1980年之后产业规模有所增加，但增幅不大。

无线传媒业（Wireless）主要是在移动智能终端（如智能手机）上开发的传媒业务，在2000年之后有了很大的发展，并逐渐占据重要地位。

竞赛传媒业（Games）是指在各种竞技赛事中进行的信息和娱乐传播，如在竞赛场馆中做的广告、在比赛球衣上做的广告等。2000年之后，竞赛传媒业有了很大的发展，并逐渐在传媒业占据重要的位置。到2020年，人均每周看赛事的时长达到10小时。

用户娱乐需求的多样化、传播媒体的多样化导致了用户娱乐时间的碎片化，从而大大增加了用户娱乐消费需求。全球用户每周人均花在娱乐上的时间达到100小时，大大增加了用户娱乐需求，从而促使传媒行业的长期持续发展。在欧美等发达国家，人们的休闲娱乐时间较长、娱乐消费水平较高，全球传媒业总规模呈稳定增长的趋势。

三、中国传媒业的发展概况

（一）传媒业概况

根据清华大学新闻与传播学院崔保国教授等发布的《中国传媒产业发展报告（2020）》可知，2016年至2020年这五年间，中国传媒业产业总值呈稳定增长趋势（图8-1）。2018年，中国传媒业的总收益为20959.5亿元，增速为10.51%。2019年，受整体经济环境及中美贸易摩擦等因素的影响，中国传媒产业虽保持了增长态势，总产值达到22625.4亿元，但增速首次跌破两位数，为7.95%，是2009年至2019年来的最低水平。2020年中国传媒业的产值为24435.4亿元，增速为8%。由于新冠肺炎疫情、经济发展减缓、网络技术快速发展的影响，传媒产业的发展方向有所改变，传统传媒行业进一步萎缩，而在线视频、网络游戏、网络营销等新媒体领域仍然保持着稳定增长态势。

图8-1 2016—2020年中国传媒产业总值发展趋势

（二）传媒业的收入构成

图8-2显示，2018年的移动数据及互联网业务收入最多，达到6674.6亿元；其次是网络广告的收入，达到4311.1亿元；再次是网络游戏收入，为2144.4亿元。而传统媒体的收入比较少，其中广播电视最多，达到1538.5亿元；报刊最少，只有353.6亿元。

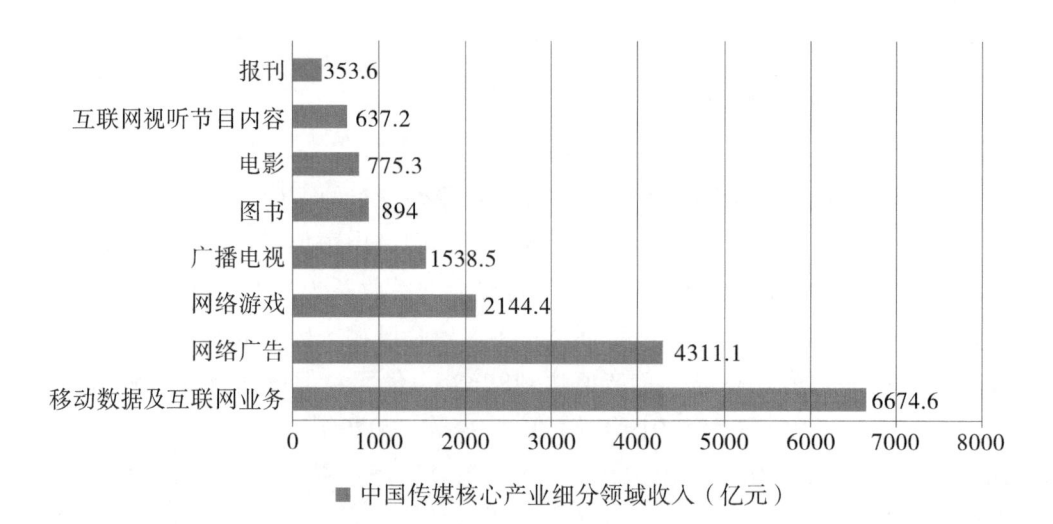

图8-2 2018年中国传媒业收入构成

2018年，媒体核心产业领域的移动数据及互联网业务收入增长21.5%，而网络广告收入增长12.6%，明显低于上一年增长速率25%，原因可能是整体经济增长放缓使广告收入下降。同时，调整媒体内容监管的政策也导致网络媒体产业增速放缓。2018年，中国网络游戏市场同比增长5.3%，这是近年来最慢的增速，原因是资本市场暂停和审查数量暂停。

虽然广播电视传媒行业收入有所增长，但增长率很低，仅为1.3%，其中传统电视广告业务面临较大压力，如传统广告大客户湖南卫视在2019年黄金时段资源投入仅占2018年同期的四分之一。

2019年，中国传媒产业总产值达到22625.4亿元，具体到各细分市场产值（图8-3）：移动数据及互联网业务产值为6082亿元，网络广告产值为6182亿元，网络游戏产值为2308.8亿元，广播电视广告产值为1469.9亿元，图书销售产值为1022.7亿元，电影行业产值为815亿元，网络视听产值为675亿元，报刊行业产值为315亿元。

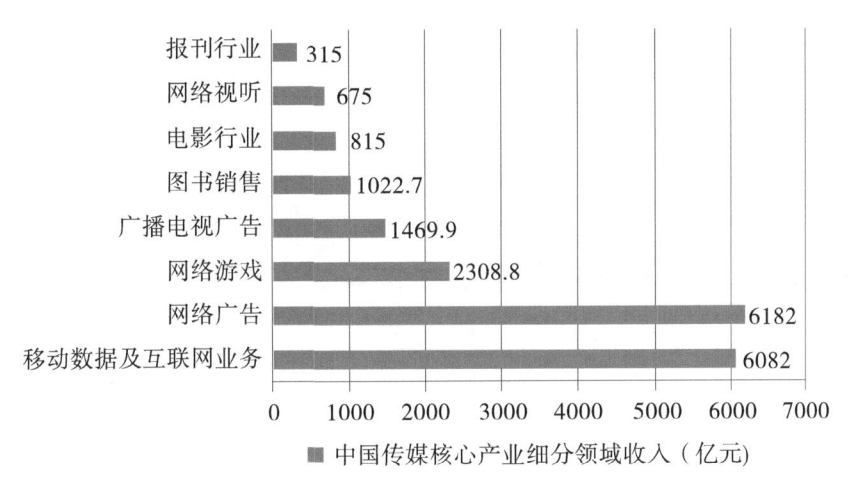

图8-3 2019年中国传媒业收入构成

（三）中国传媒业的发展

随着传媒产业发展的不确定性增加，传统媒体行业的产值将进一步萎缩，依附于互联网技术的新媒体行业的产值将不断增长。

2020年，传统的报刊发行渠道受疫情的影响，部分报纸采取了部分时间段停刊的措施，部分地区报刊已名存实亡。一些主流报业集团因具有品牌影响力和内容生产力，采用"两微一端"经营模式，故而传统纸媒经营状况较好，也有一定的影响。虽然广播电视仍占有一定的市场份额，但在新闻信息传播方面，作用也明显减弱。传统媒体行业难以呈现以往的繁荣。电影行业遭遇寒冬，图书销售收入虽有增长，但增幅不大。

由于互联网技术的发展和新冠肺炎疫情的影响，新媒体行业的发展大幅增长。据国家统计局统计，2020年第一季度，互联网及相关服务、软件和信息技术服务收入不断增长，各类商品网上零售额为18536亿元，同比增长5.9%。此次疫情催生了"家庭娱乐""家庭消费"，使智能化、数字化业务相关企业收入大幅增加。网络游戏、在线视频等用户有显著的增长趋势。《王者荣耀》《和平精英》等网络游戏用户数量增加了30%以上。各大视频网站用户数量和使用时长也有所增加，例如电影《囧妈》在网络上的播放总数超过6亿次，总观看人次高达1.8亿。由于疫情期间学校无法集中授课，学校大都采用在线教育方式，在线教育用户数量达到最高峰，在线教育空前繁荣。到2020年上半年，电视、广播和报纸等传统媒体在互联网的帮助下取得较好的表现，从而促进了新媒体内容的制作、用户的增长和数据的传播。

网络化、数字化、智能化已经成为一种社会生存状态，传媒行业与互联网融合是生存之道，是将来的发展方向。

第二节　体育竞赛表演业与传媒业融合的历史和必要性

一、媒体与体育赛事融合的历史

大型商业体育赛事与媒体的融合早在1903年就出现了，例如，法国体育报纸《欧洲时报》首次主办了世界上最重要的自行车比赛——环法自行车赛。当时，职业运动、职业赛事逐步商业化，例如自行车和拳击赛事，但是业余运动还没有实现商业化。

奥运会最初不具有商业性，更具有政治性，例如1936年的柏林奥运会。早期的奥运会举办的时候，同时会举办各种文化活动。1936年柏林奥运会期间，举办了展览、音乐表演、戏剧和学术研讨会等多种文化活动，并首次通过电视直播奥运会，向许多国家进行现场直播。

1946年创刊的《法国足球》，是欧洲最负盛名的体育杂志之一，以摄影、数据统计和报道欧罗巴联赛而闻名。金球奖最初是《法国足球》自1956年以来颁发的欧洲年度最佳足球运动员奖，2010年与原国际足联年度足球先生奖合并，成为世界上最有影响力的足球奖项。《法国足球》杂志既是金球奖的合作伙伴，也是一年一度的金球奖的官方媒体，对法国足球产业产生了深刻而广泛的影响。

同为法国著名的体育媒体《队报》，是世界上最具影响力的体育报纸之一，也是欧洲最具权威性的体育日报之一，以在足球、橄榄球、赛车及自行车竞技等方面的专业报道而闻名。

一直到1984年，洛杉矶举办的奥运会才真正实现其商业化。因此，1984年的奥运会被视为奥运会商业化的先驱。在此之前，举办奥运会花费了政府大量的资金，都处于亏损状态，许多城市不愿再承办奥运会，因而，国际奥委会不得不将洛杉矶奥运会交给私人以工商企业的方式筹办，此届奥运会举办的资金完全来源于出售电视广播权和门票、竞标企业赞助等商业运作，使得奥运会成为赛事营销的典范。

最早最著名的体育广告媒体运营商之一是塞普·赫贝格尔（Sepp Herberger），他是德国国家足球队的教练，喜欢在运动服和运动鞋上展示阿迪达斯品牌。德国足球协会与阿迪达斯之间的商业联络一直持续到今天。从2018年起，德国足球协会每年从阿迪达斯获得超过5000万欧元的赞助。

拉加德雷体育传媒公司是一家成立于2006年、隶属于法国拉加代尔集团的公司，与IMG、Infront、八方环球、世界体育集团并称为全球五大体育营销公司。产业链涵盖大型赛事权益版权方、赞助商、明星经纪、节目制作与发行、体育咨询、权益销售及体育学院、俱乐部管理等。公司在欧洲、非洲、美洲、亚太地区和中东等20多个国家设有60多家分公司，合作伙伴包括奥运会、冬季奥运会、非洲足球杯、ATP公开赛、WTA公开赛、PGA巡回赛等组织。

（一）体育媒体综合体

体育的商业化首先是通过所谓的"体育媒体综合体"而实现的，是通过媒体、体育协会和广告之间越来越紧密的联系来促进的。因为只有获得媒体的经济支持，许多体育运动才能在国家和国际层面上生存。由于到场实时观看体育赛事的观众较少，而在电视机前观看、广播上收听、报纸上阅读体育赛事的观众非常多，因此在赛事举办期间，在转播媒体上做广告更能吸引观众。如果没有体育媒体的支持，很多体育赛事将难以举办，如在2007—2008赛季，由于没有电视转播费的支持，德国滑雪协会作为组织者不得不将比赛交给捷克协会来举办。

（二）电视转播费用

某项运动越受欢迎，转播权就越昂贵。单个体育节目的转播权必须由电视广播公司付费获得，即广播公司必须付费才能播放体育节目。这些权利通常由体育协会出售，不直接出售给广播电视台，而是出售给营销机构，然后由营销机构与广播公司协商金额。营销公司依附于高度专业的运动项目。例如，德甲联赛的电视转播权不再由德国足球协会出售，而是由德国足球联赛出售，德国足球联赛是所有专业俱乐部所属的营销公司。

购买体育赛事电视转播权的费用一直在上涨。早在20世纪50年代，赛事转播费用比较低，现场直播的每场德国足球比赛的转播费用在1000~2500马克。1963年随着德甲联赛成立，常规的赛事营销才开始进行。在1965—1966赛季德甲联赛中，每个赛季只收到33万欧元的电视转播费用，在1980—1981赛季已经上涨为322万欧元。

1984年刚刚引入私人电视系统时，德甲联赛每个赛季的转播费为511万欧元，而到1987—1988赛季，转播费用就涨到920万欧元。在私人电视上转播的第一个赛季（1988—1989），私人电视台就要支付2045万欧元的转播费用。2014年，美国职业篮球联赛（NBA）签订了新的转播合同，合同将持续八年，自2016年起，NBA每年收到超过20亿美元的转播费。美国最大的私营体育媒体ESPN每年向NBA支付超过10亿美元的转播费。

但是，只有在流行的体育运动（如足球）或受欢迎的体育赛事（如奥运会）上才能获得高昂的转播费用。国际奥委会将建立单独的奥林匹克电视频道，预计将进一步增加电视转播收入。而在并不受欢迎的体育赛事上，转播费用较少，例如在2008年斯图加特世界田径决赛中，组织者仅获得了17万欧元的电视转播费。

（三）广告和赞助

电视上转播的体育节目也增加了这项运动对赞助商和其他类型广告营销的

吸引力。因此，在体育场馆中关注的位置被放置了广告横幅，从而获得了企业对赛事的赞助。

电子公司利勃海尔赞助了2012年世界乒乓球冠军球队。德国高尔夫公开赛由宝马公司赞助。许多体育协会已经获得了所谓的主要赞助商的赞助，无论具体的赛事如何，这些赞助商都会在所有体育赛事的徽标上标上自己的标志。此外，对单个俱乐部的球衣赞助也成为一种流行的赞助方式。

球衣赞助从1973年开始进入爆发式发展阶段。1973年2月下旬起，德国足球协会允许赞助足球球衣。在2015—2016赛季，多特蒙德足球俱乐部从赞助商那里获得了高达2000万欧元的赞助。2015—2016赛季，球衣广告收入的领导者是拜仁慕尼黑（德国电信赞助）和沃尔夫斯堡（大众汽车赞助），每年收入高达3000万欧元。

（四）体育的商业化和风格化

体育的商业化导致体育赛事转变为电视和赛事的融合。现在，奥运会的开幕式沿袭了好莱坞的真实戏剧。虽然体育赛事仍然发挥作用，但除了评论、访谈和穿插的简短体育报道外，奥林匹克圣火的点燃、芭蕾舞表演等表演元素也起着越来越重要的作用。2008年北京奥运会开幕式的灯光和大型编舞成为历届奥运会开幕式中最大的亮点。工作室的主持人、专家报告、访谈和评论增加了赛事的时长，并将其转变为引人注目的、有看点的电视赛事。一些运动甚至改变了规则以促使这项运动对电视和赞助商更具吸引力，例如乒乓球、排球等项目。

（五）体育和电视节目互相依存

电视上的存在首先取决于体育上的成功和明星运动员。在鲍里斯·贝克尔、施特菲·格拉芙和迈克尔·施蒂希时代，即20世纪80年代和20世纪90年代，网球等体育运动是电视高收视率的保证。德国足球队员在2014年巴西世界杯和2016年法国欧洲杯上的精彩表现和战绩确保了高收视率。2016年法国欧洲杯决赛共有1300万观众观看，使得电视节目占有42%的市场份额。

二、中国体育传媒发展的历史

(一)中华人民共和国成立之前的体育传媒

报纸是我国最早的体育传媒方式,早在1900年巴黎举办的第二届奥运会期间,当时的媒体人就在《中西教会报》及《万国公报》上对其进行了详细的报道,这是我国历史上第一次对体育进行较为详细的报道。其后,1909年到1919年这一段时期是中国体育报刊发展的黄金时期,上海、北京等地相继出现体育报刊,包括《体育界》《体育周报》等。虽然早期的体育周刊影响力有限,但为之后的体育媒体的发展奠定了深厚的基础。

中国共产党建立革命根据地后,也开始借助报纸宣传体育运动。1931年12月11日创刊的《红色中华》是中国共产党在革命根据地创办的第一张中央机关报纸。1933年6月4日,《红色中华》刊登了体育新闻《赤色运动会成功了》,生动展现了群众体育在根据地的开展情况。1934年1月,赤色体育委员会为庆祝苏维埃第二次代表大会召开举行了体育运动会,《红色中华》特刊第2期对此做了详尽的报道,以宣传中国共产党人的革命英雄主义气概。

(二)中华人民共和国成立后的体育传媒

中华人民共和国成立以来,中央人民政府把体育事业的发展摆上议事日程,体育新闻传播与体育事业的发展相辅相成。《人民日报》和《光明日报》对北京市人民体育大会进行了报道,开创了体育宣传事业。中华人民共和国成立初期和此后的很长一段时间里,人们的物质生活比较匮乏,文化生活不够丰富,体育逐渐成为人们喜爱的文化活动之一。报纸和广播成为激发人民群众体育热情的重要传播工具。

1950年7月体育杂志《新体育》创刊,1954年人民体育出版社成立,1957年第一份英文体育杂志《中国体育》创刊,1958年《体育报》正式创刊后更名为《中国体育报》,这是全国唯一一家报道体育新闻的专业日报。自1951年12月以来,中央人民广播电台每天定期播放体操节目。1955

年，该台推出了体育专题节目《体育谈话》。在此期间，体育新闻也成为广播的常态。

1959年，中央电视台首次进行体育直播，此后又转播了全运会和许多重大国际国内体育赛事。新华社作为国家通讯社，一直报道国内外体育新闻。1974年，新华社派出近30人报道德黑兰亚运会，这是我国首次派出记者出国报道大型体育赛事。

（三）改革开放之后的体育传媒

1979年，国际奥委会正式恢复了中国在国际奥委会的合法席位，极大地促进了中国体育事业的发展，提高了中国体育的社会影响力，媒体与体育的联系开始紧密，形成了以报纸、电视广播为核心的较为完整的体育媒体网络。21世纪，随着互联网的普及，体育媒体紧跟互联网的发展潮流，形成了网络、电视、杂志、报刊相融合的新型体育媒体网络。

1984年，来自中央媒体和上海、广东媒体的40多名记者参与了当年的洛杉矶奥运会的报道工作。新华社推出全球首份中英文快讯——中国奥运金牌"零的突破"。正是在这一时期，我国大多数媒体设立了独立的体育报道部门，并逐步加入了国际竞争之中。

体育报纸业的发展出现了空前繁荣的景象。全国大部分报纸和省市报纸开始开设体育专栏，近50家晚报开设了体育专版，每逢重大赛事，报纸都会增加体育栏目或推出体育特刊、专刊。大量的都市报纸对体育新闻的报道使体育新闻成为与政治新闻、财经新闻、社会新闻、文化新闻并存的新闻品种。

1995年，中央电视台体育频道正式开播，成为国内创办最早、规模最大的专业体育频道。

自20世纪90年代中后期以来，互联网作为"第四媒介"，已成为中国体育新闻传播的主流媒体。依托互联网的强大功能和巨大影响力，网络媒体已然成为人们及时获取体育信息的重要渠道。美国著名报业巨头普利策曾说："体育是媒体吸引观众的三大法宝之一。"新浪网总编辑曾祥雪曾感叹道："没有体育就没有新浪网。"

据国家体育总局不完全统计，截至2002年，中国共有体育报纸44种；到2003年底，全国约有42种体育频道。在2008年北京奥运会上，新媒体首次正式成为奥运会的转播频道。"媒体是奥运会成功的最终评判者。"前国际奥委会主席萨马兰奇说，媒体为北京奥运会营造了良好的舆论氛围。在北京奥运会成功的评判比例中，有10%掌握在2400名中国记者手中。目前，智能手机作为"第五媒体"已成为重要的体育新闻和赛事传播工具。

三、体育竞赛表演产业与传媒业融合的必要性

2015—2018年，我国体育竞赛表演活动产值由149.5亿元增至292亿元，产业增加值平均增长率为25.6%，高于同期体育产业整体增长率，呈现蓬勃发展势头。但不可否认的是，相较于体育用品业、健身休闲业，当前我国竞赛表演业还存在产业规模较小、有效供给不足、大众消费低迷及体制机制不健全等弊病。

我国体育竞赛表演业应与媒体紧密结合、相互融合，包装赛事，打造著名赛事品牌。通过媒体将赛事推广到社会各界，吸纳赛事观众，做大赛事市场，实现体育竞赛表演业和媒体的双赢。

体育的商业化与媒体对体育的兴趣紧密相关。只有通过越来越多的公众关注，体育才能吸引商业利益，这反过来又提供了体育节目，增加了体育节目的娱乐性和休闲性，作为放置广告的合适平台，促进了媒体、广告和体育之间紧密关系网络的形成。

1. 传媒业促进体育竞赛表演业发展

在国外，体育竞赛表演业属于娱乐行业。通过电视、网络、广播、报纸等媒体对体育赛事活动进行宣传，增加赛事在社会群体中的曝光度，加深社会群体对赛事的印象，从而增加体育赛事的关注度和知名度。若体育赛事较激烈、赛事质量较好、赛事明星素养较高、赛事故事较为动人，将增加赛事的观赏度和美誉度，从而吸引更多的观众观看赛事，增加赛事收入，促进体育竞赛表演业的发展。

2. 体育竞赛表演业促进传媒业的发展

体育竞赛表演业的高质量发展也促进了传媒业的发展。在美国，体育职业赛事水平在世界上处于一流地位。美式橄榄球、棒球、篮球、冰球赛事的水平为世界一流，不但在国内有大量的观众，在国际上也有许多观众。球迷不可能每次都亲临观看赛事，更多的时候通过电视、网络、广播等媒体收看或收听赛

事，赛事为传媒业带来了众多引人注目的节目或作品，以及大量的受众，因而体育竞赛表演业也促进了传媒业的发展。

综上所述，传媒业和体育竞赛表演业是相互促进、相得益彰的共赢关系。传媒业和体育竞赛表演业的融合是历史必然。

第三节 体育赛事与媒体融合的模式

一、体育赛事与媒体融合的基本条件

1. 体育新闻报道人才的培养

赛事能够被观众接受，必须对赛事进行包装和报道。报道赛事或体育新闻不只是简单地叙述体育赛事的过程和赛事的结果，不是对赛事记流水账，而是挖掘出赛事的精彩之处、赛事的意义和价值、赛事中打动人心的意念和精神。这对赛事报道人员有很高的要求。赛事报道人员不仅要熟知赛事规则、赛事运动员的个人情况、赛事项目的竞赛技巧等，而且要有写作能力、赛事价值挖掘的能力，有异于常人的独特视角，这样写出的赛事报道才能吸引观众，让赛事深入人心，将赛事推广出去。

2. 体育赛事解说和主持人才的培养

赛事解说和主持必须熟悉赛事规则、项目运动技巧和战术技巧，能够用通俗的语言生动地解说赛事，既能让观众看懂赛事，又能带动观众的激情，激起观赛的欲望，让观众了解到赛事的激烈与美妙，对赛事和运动员有认同感。做一个体育赛事解说和主持，要具备演讲能力、应变能力、活跃气氛的能力。在国外，体育赛事解说和主持行业已经非常成熟，具有较多优秀的体育赛事与解说的人才。而国内，体育赛事与解说的人才较少，远远没有满足体育赛事产业的需求，因而，国内应设立体育赛事解说与主持专业，培养专业的人才。

3. 媒体对体育故事的开发和包装

为了吸引消费者对体育的关注，媒体应挖掘体育故事，将体育事件包装成

感人的故事，将运动员包装成具有感召力和人格魅力的有血有肉的人。宣传美国职业篮球联赛（NBA）的媒体通过给明星起昵称、讲述明星故事、设立篮球名人堂等方式，全方位地包装体育明星，让观众对NBA球星记忆深刻。首先，NBA宣传团队会根据体育明星的显著特点给明星运动员起一个非常贴切的昵称，让观众非常容易记住明星运动员，如飞人乔丹、大鲨鱼奥尼尔等。其次，NBA将明星运动员的人生经历包装成励志故事或充满温情的感人故事，通过纪录片和新闻报道让观众从心理上认同运动员，成为运动员的忠实观众。最后，NBA设立篮球名人堂，将明星运动员记入名人堂，让观众对明星运动员更加尊重和崇拜。

4. 体育赛事的高质量发展

体育赛事的水平和级别越高，越能吸引观众，特别是在互联网和大数据时代，人们观看顶级赛事更加便利。所以，提高赛事水平，以网络视频模式传播高水平的赛事，所得到的观众和球迷更多。高水平的体育赛事能够在全世界范围内获得观众，体育运动队和职业俱乐部也可以通过网络在全球范围内获得球迷。体育竞赛表演业的核心产品就是高水平的赛事，高质量和高水平的体育赛事是媒体特别愿意播放的。

二、体育竞赛表演产业与传媒业融合的方式

体育竞赛表演业与传媒业的融合可以从两个方面入手：一方面，体育竞赛表演业与传统媒体的融合；另一方面，体育竞赛表演业与新媒体的融合。

1. 传统媒体对体育赛事的推广

在传统媒体中，虽然报纸、杂志等纸质传媒行业日益萎缩，但是数字电视业务在不断增长，体育赛事仍可通过数字电视业务进行推广。美国娱乐与体育电视台（ESPN）是世界上最大的有线电视体育频道，除了美国的旗舰频道及其七个相关频道外，ESPN还在200多个国家、地区拥有电视频道，拥有众多体育赛事的独家版权，为用户提供了全方位的节目观看渠道，包括电视、广播、网站、移动客户端、杂志。它拥有全球最大的体育网站及全球发行量最大的体育杂志之一《ESPN杂志》。ESPN播出的节目中既有赛事转播，又有赛事集锦、明星故事等节目，吸引了众多观众。

虽然互联网技术的推广和新媒体的兴起压缩了传统媒体的市场空间，但将传统媒体与网络技术融合可以将传统媒体继续做大做强。传统的广播电视可以借助数字化技术和网络技术，提供数字化视频和广播，建设广播和视频网站，通过网络播放扩大原有的市场份额。数字媒体一直在对ESPN产生冲击，愿意为电视付费业务买单的人也在逐渐减少。ESPN进行了数字化新媒体尝试。2016年10月，ESPN的母公司迪士尼收购了BAMTech公司33%的股份，随后与这家科技和流媒体公司合作推出ESPN网络平台，输出新媒体内容。现在，移动端是ESPN增长最快的业务平台。

为了转播2020年东京奥运会，中央电视台在"央视频"网站转播了所有的奥运赛事，观众可以随时随地、根据自己的喜好点播奥运赛事。传统的报纸和杂志传媒可以创建自己的新闻网站，将纸质传媒转化为网络传媒，通过网络发放体育新闻，线上线下相结合，推广体育赛事。《人民日报》不仅有线下的纸质报纸，还在官网上发放了电子报纸和每个新闻的网页版，以方便读者更便利地获取新闻信息。在2020年东京奥运会举办期间，《人民日报》还在网站上增加了"奥运特刊"栏目，专门报道奥运赛事、宣传体育精神。

2. 新媒体对体育赛事的推广

新媒体包括视频网站、博客和微博、微信公众号等媒体形式。视频网站可以通过让观众付费点播的方式观看赛事，让观众可以随时随地观看赛事和体育节目。因而体育赛事节目一经网络视频推出，就受到赛事观众和网民的推崇。视频网站还提供发表评论的功能，让观众在观看赛事的同时可以进行评论，发表自己的见解，增强观众的体验感，促进观众之间的交流，增加观众观看赛事的兴趣和乐趣。赛事主办方也可以通过评论区了解赛事观众的兴趣点，从而改进赛事、提高赛事质量。

近几年的短视频网站越来越受欢迎，抖音、快手等网站的短视频促进了体育赛事的推广。视频网站上推出的制作精良的体育项目规则、训练技巧的讲解、体育赛事的评论普及了体育知识，让观众更加了解赛事、看懂赛事，从而喜爱赛事、关注赛事。

微博既可以发布消息，也可以通过观众评论了解观众的喜好。微博提高了观众参与度和体验感，拉近了体育明星与观众之间的距离，让体育明星获得更多观众的支持和关注。

微信公众号是近年来非常流行、便利的信息传播模式。任何组织和个人都可以建立微信公众号，在微信公众号上发布组织信息和个人观点。体育赛事宣传可以利用微信公众号让更多观众关注。

3. 自媒体对体育赛事的推广

自媒体是指广大公众通过网络、电子通信设备等方式发布自己的事实和新闻的传播方法，具有个性化、文明化、泛化、自主化等特点。自媒体不同于专业媒体组织主导的信息传播，它是由大众主导的信息传播活动，从传统的被动式接收传播内容的方式转换为主动式选择传播内容的方式，实现了点对点的传播。

短视频网站、博客和微博、微信公众号等媒体形式均属于自媒体。自媒体是网络时代新兴的信息传播方式。自媒体时代改变了传统媒体时代由记者采访和撰稿、编辑评审的传统模式，让每个人都能成为记者和撰稿人，相对自由地发布信息和观点，每个信息接收者、阅览者都可以对信息和观点发布评论，减少了信息传递的环节，加快了信息的流通，增加了信息传播的互动，拉近了信息发布者与信息接收者的距离。

每个组织和个人都可以在自媒体网站上创建账号、发布信息和评论，从而将信息发布者与信息接收者之间的距离拉近。在自媒体上张贴的信息呈现内容多样化、形式多样化、视角多样化等特点，更容易引起阅览者的兴趣、关注及共鸣，更有利于体育赛事的推广。许多体育项目的职业教练、运动员制作关于体育项目规则、训练方式、技战术、赛事评论的视频，发布在"哔哩哔哩"网站上，让大众自行学习和练习，促进了体育项目的普及和体育赛事的推广。

三、体育赛事与传媒业、数字化行业的融合

在体育数字化转型方面的全球领导者是法国Atos集团，它在《2020年体育与娱乐展望》报告中提出，如果体育机构或组织能领先地与数字战略成功地融合到业务的各个方面，将改变体育企业业务的人员配置、业务流程和技术，实现体育行业的颠覆性创新，从而改变体育产业，促进体育产业的发展。2020年东京奥运会中运用了许多创新性数字技术，如松下开发的协助观众的机器人，提高了球迷体验度。数字化技术能够辅助运动员在体育赛事中做出战术决策，改善了运动员的技术，提高了体育俱乐部和赞助商的收入。

1. AR和VR技术与体育赛事的融合

AR（Augmented Reality）是增强现实技术（一种模拟真实世界景观的新型人机交互技术）的简称，是一种以交互性和概念为特征的计算机高级人机界面。通过虚拟现实系统，用户不仅可以体验在客观物理世界中体验到的沉浸式现实场景，还可以突破空间、时间和其他客观局限，体验现实世界中无法亲自去体验的场景。其增强现实性的特点不仅可用于提高运动员的技术能力，还可以帮助裁判实施更公平的裁决和判罚，更能够让体育赛事的观众和爱好者沉浸式体验体育赛事和体育项目。赛事观众和体育项目的爱好者将成为AR技术的最大受益者。运动场馆的位置数量有限，只能让上万名观众近距离观看比赛，AR技术可以让赛场内外的观众近距离、多角度地观看赛事，给观众提供更好的观感，更有利于赛事的推广。

VR（Virtual Reality）是虚拟现实技术的简称，它利用计算机生成一种交互式的三维动态仿真视景，使用户沉浸到该仿真环境中进行体验。电视运营商可以利用VR技术丰富自己的电视节目，并使该节目更具吸引力。目前，国际上有许多传媒公司开设VR类体育节目，让观众和体育爱好者对体育有身临其境的感受。

2. 5G网络与赛事的融合

5G网络技术的出现让AR和VR技术有了更强的技术支撑，能以更快的信息传播速度让观众无延迟地实时观看和体验体育赛事。诺坎普球场成为欧洲首个覆盖5G的体育场，这一发展将使巴萨俱乐部能够基于虚拟现实技术探索新型的沉浸式体验模式，从而为地球上数以百万计的巴塞罗那球迷提供看球的机会，球迷利用5G技术和VR技术在家里观看比赛，就好像是他们在诺坎普球场观看比赛一样。

3. 物联网与赛事的融合

体育场馆是体育产业数字化的关键部分。互联且智能的体育场馆，可在赛事开始之前、赛事期间和赛事结束后增强球迷的体验感，并使职业俱乐部能够从球迷那里收集信息，根据球迷喜好改进赛事以增强球迷的体验感。智能体育场馆将通过物联网为球迷和观众提供一个高效、安全、能够产生个性化体验的场所。

4. 区块链与赛事的融合

区块链技术正在改变球迷、运动员和赞助商的角色，为体育产业的发展提供了多种可能。在西班牙，马德里竞技俱乐部选择了Socios平台来促进其数字化并最大程度地增强其追随者的体验感。通过这个平台，罗吉布兰卡球迷可以购买俱乐部的数字资产，并参加足球队的调查、抽奖和独家体验。区块链在体育行业的整合将阻止门票的转售。西班牙皇家足球协会已经与西班牙公司Nodalblock合作创造的证明票具有可追溯性和防止伪造功能，这样的功能阻止了门票的转售，维护了球迷的权益。

5. 数字平台与赛事的融合

数字平台是现代企业管理最基本的技术手段。体育俱乐部运用数字平台管理运动员、教练、工作人员、球迷，为职业运动员和教练提供科学的训练方法和赛场战术，为工作人员提供科学的决策建议，为球迷推荐符合需求的赛事视频，并为球迷提供与运动员互动的社交平台，拉近球迷和运动员之间的距离。

2017年和2018年，西班牙皇家马德里足球俱乐部（以下简称"皇马"）与微软合作进行了一个数字化转型项目，此项目帮助皇马直接吸引了4.5亿的全球支持者。经过皇马与微软五年的数字化合作，皇马的数字化收入增长了30%。

数字营销平台使皇马能够为每位粉丝创建"量身定制的营销活动"。皇马俱乐部97%的粉丝居住在西班牙以外。印度尼西亚的粉丝数量占粉丝总数的11%，皇马利用微软云平台的多渠道技术解决方案来连接国外粉丝，加大了粉丝对皇马的支持力度。同时，它采用了其他微软解决方案来分析俱乐部与全球粉丝之间的互动关系，定制国际营销活动，从而通过商品销售和商业合作伙伴关系来增加收入。

皇马通过跨多个平台的双向个性化交互，使俱乐部与球迷（尤其是非马德里支持者）联系得更加紧密，从而使俱乐部的员工更好地了解支持者并向他们学习，以改善粉丝关系，维持和扩大粉丝对俱乐部的支持，增加与粉丝相关的收入，从而巩固俱乐部在全球体育行业的领导地位。

粉丝互动平台是一个营销后台引擎，可捕获、存储和细分与皇马相关的所有数字球迷互动。俱乐部的官方网站可以实现在线商品购买、游戏互动、视频观看、实时流媒体活动等。球迷还可通过智能手机、平板电脑和可穿戴设备随时随地访问皇马的信息，具体内容有新闻、亮点、运动员信息、赛事详细信息、虚拟体育场访问。

皇马通过数字平台得到球迷使用数据的情况、个人喜好、何时何地使用平台"进入"的一切用户信息。使用此信息，俱乐部可以实现自动的、低延迟的营销活动，包括个性化消息和产品的推出、忠诚度奖励和折扣。将球迷服务数字化，通过应用程序完成零售、优惠购买、无现金支付、数字票务和访问验证。

此外，基于微软云技术，皇马教练使用可自定义的仪表板来整合团队和个人运动员数据，获得运动员的360度视图，并生成以数据分析为基础的见解，通过训练管理和智能体育馆等程序改善运动技能、健康问题，以防止运动损伤。皇马还计划使用微软的Azure机器学习技术来预测本赛季的座位价格，从而使其能够对门票需求的增加和减少做出明智的反应，并确保稳定的上座率。

第九章 体育竞赛表演产业高质量发展的创新策略

第一节 体育竞赛表演产业高质量发展的内涵

一、产业高质量发展的内涵

新时代的高质量发展可以从宏观经济、产业、企业三个层面来理解[1]。宏观经济层面的高质量发展包括经济增长的稳定性、经济发展的均衡性、环境的协调性、社会的公平性等维度[2]。产业层面的高质量发展包括产业规模壮大、结构优化、创新驱动转型升级、质量效益不断提升等。企业层面的高质量发展包括构建企业一流的竞争力、以创新提升产品质量和品牌影响力、创新管理理念与方法等。

产业层面的高质量发展从目标层面来看是实现质量第一、效率优先,从价值层面来看是推进民生幸福,从内涵层面来看是实现发展方式、产业结构、增长动力、治理过程的优化。

二、体育竞赛表演产业高质量发展的内涵

新时代体育产业高质量发展的终极目标是满足人民日益增长的美好生活需要,建设体育强国、推进民生幸福。体育产业高质量发展体现在满足群众的多元体育消费需求,提高体育产品和服务供给的质量和绩效,丰富体育产业的业态,增加体育产业绩效,优化产业结构,促进体育产业的产业链升

---

[1] 赵剑波,史丹,邓洲.高质量发展的内涵研究[J].经济与管理研究,2019,40(11):15-31.
[2] 史丹,赵剑波,邓洲.从三个层面理解高质量发展的内涵[N].经济日报,2019-09-09(014).

级，实现全产业的均衡发展，激活体育产业发展动力，完善体育产业的发展机制[1]。

体育产业高质量发展的核心部分是体育竞赛表演产业的高质量发展。体育竞赛表演产业的高质量发展的内涵可以从静态和动态两个视角来看。体育竞赛表演产业高质量发展的静态内涵是指由于赛事供给质量、规模和效益达到最优而实现赛事供给和赛事消费达到平衡的状态。体育竞赛表演产业高质量发展的动态内涵是指体育赛事的供给水平不断提高，不断满足体育赛事消费需求，体育竞赛表演业的规模不断扩大、效益不断提高、产业结构不断优化、产业链不断升级的过程。

三、体育竞赛表演产业高质量发展的意义

体育竞赛表演产业是体育产业的核心产业，体育竞赛表演产业的高质量发展是体育产业高质量发展的核心内容。体育竞赛表演产业高质量发展是指由于赛事表演服务的供给质量、规模和效益达到最优而促使赛事供给和赛事消费达到平衡。在"十四五"时期，体育竞赛表演产业要实现高质量发展，必须根据《中共中央关于制定国民经济和社会发展第十四个五年规划和二〇三五年远景目标的建议》的要求，以创新驱动高质量供给，创造新的需求，提升体育竞赛表演供给体系的韧性和对消费者需求的满足，推动体育竞赛表演业的生产要素循环流转，实现体育竞赛表演业的赛事举办和服务、赛事消费各环节的有机衔接。

因而，体育竞赛表演产业的高质量发展必须以创新为核心驱动力，按照消费者需求，改革体育项目的活动方式，自主创新和设置赛事项目，丰富赛事业态，健全体育赛事的管理体制[1]。基于创新的内涵和实践，体育竞赛表演产业的高质量发展可以从产品创新、技术创新、商业模式创新、业态创新等创新驱动要素入手，创新赛事项目，打造知名赛事品牌，实现产业链升级，开拓新业态，优化产业结构，改善盈利模式，扩大体育竞赛表演业的产业规模和市场规模，提高产业效益。

---

[1] 李荣日，刘宁宁.理论框架与逻辑通路：我国体育产业高质量发展研究[J].天津体育学院学报，2020，35（6）：651-657.

第二节 创新对体育竞赛表演产业高质量发展的驱动作用

一、创新对体育竞赛表演产业高质量发展的推动

经济学家熊彼特在1912年首次提出"创新"的概念，他认为创新就是把生产要素和生产条件进行"新组合"，并提出新产品、新生产方法、新市场、新原料或原料新供应方式、新组织形式五种创新类型。随后，学者们在创新含义上的观点趋向一致，认为创新是发明开发和实施的过程，发明不但包括新产品、新技术、新服务、新用途等产品导向的创新，也包括新模式、新流程等组织变革导向的创新。

陈昌兵认为高质量发展阶段的主导动力是创新，实现劳动生产率和全要素生产率的同步提升[1]。要使创新驱动成为体育产业发展的核心动力，必须改善思维模式，改进生产方式和经营模式，加强产品创新、业态创新和商业模式创新，使消费者的个性化、多样化需求得到满足[2]。

体育竞赛表演产业的高质量发展也必须依靠创新。只有创新，才能提高体育竞赛表演服务和产品的质量，提高赛事水平，构建赛事的核心竞争力，创建赛事知名品牌，促进体育竞赛表演业的产业链升级，使体育竞赛表演业呈现高水平、多业态化、规模化的发展状态，满足消费者观看和参与体育赛事的消费需求，实现体育竞赛表演服务的供给和需求的平衡。只有依靠创新，体育竞赛表演产业才能成为体育产业名副其实的核心产业。

二、产品创新扩大了产业规模和市场规模

产业规模是一个产业的产出规模，即产业中所有企业的总收入。产业的市场规模是指产业的市场容量，即该产业目标市场的整体规模。体育竞赛表演业的产品创新有利于扩大竞赛表演业的产出规模和市场规模。

体育项目多达几百种，如2020年东京奥运会的赛事项目就有33个大项、

---

[1] 陈昌兵.新时代我国经济高质量发展动力转换研究[J].上海经济研究，2018（5）：16-24，41.

[2] 丁正军，战炤磊.新时代我国体育产业高质量发展的综合动因与对策思路[J].学术论坛，2018，41（6）：93-99.

339个小项。每种体育项目都有可能被创新、包装、推广成体育赛事。最受人关注的一些球类项目（如足球、篮球、橄榄球等）的赛事已经被包装和推广成世界知名赛事，收益颇丰，产业规模和市场规模巨大。例如，英超在2018—2019赛季的收入达到61.4亿欧元，全球的观众达到18.52亿。除去球类项目，不同国家根据自己的传统文化，将一些优势体育项目也培育成知名赛事，例如法国的环法自行车赛、英国的F1方程式赛车比赛等。

由于体育项目种类繁多，可培育的赛事市场规模庞大，将一些大众喜闻乐见的项目、群众广泛参与的项目培育成知名赛事，参与赛事的组织增多，将提高赛事组织的收入，进而扩大体育竞赛表演业的产业规模。由于赛事精彩度和赛事项目的增加，将会创造新的赛事市场，参与和观看的赛事消费者将会增加，继而扩大体育竞赛表演业的市场规模。

三、技术创新促进产业价值链升级

产业链由产品和服务的研发商、生产制造商、销售商组成，其中产品和服务的研发商处于产业价值链上游，掌握着产业核心技术，创造了知名品牌，获取大部分产业价值。生产制造商往往处于产业价值链底层，获得的收益最少。销售商虽然处于下游，但把握销售渠道和品牌推广的主动权，常常获得较多收益。产业价值链升级是指产业中的企业由下游向上游移动，掌握产品和服务研发的先进技术，创造高价值的知名品牌，把握产业价值链上游主动权。

运动技术的不断创新将会增加赛事的精彩程度，掌握某体育项目领先的运动技术的国家将在该项目上具有优势，所组织的赛事也是世界顶级水平，成为知名的赛事品牌，处于赛事价值链的上游。美国NBA不断创新篮球投篮技术、竞赛战术、裁判规则和比赛规则，使得NBA篮球比赛成为世界顶级水平的比赛，站在篮球产业链的上游和首端，全世界观众达到3.24亿，在2018年的收入达到约80亿美元。

我国的体育竞赛表演业要想打造世界知名品牌，获得最大化的收益，就必须依靠技术创新实现产业价值链的升级。中国乒乓球队的运动技术处于世界领先地位，常常开发出一些新奇的战术打法，高抛发球、迷惑性发球、直拍背面击球、发力加变线、近台发力加变线等技术的推出，保持了战术的多样性，使得中国乒乓球队始终站在乒乓球运动技术顶端，为观众贡献出最高水平、最为精彩的赛事。由于中国乒乓球技术在世界范围内始终保持领先地位，乒乓球赛事的观众和参与者众多，乒乓球赛事潜在的产业规模和市场规模巨大，可以通过创新打造全国甚至全世界知名的收益丰厚的赛事。

四、商业模式创新提高产业效益

世界各国体育赛事的组织模式和商业模式各异，但从总体上可以分为两类，一类是体育俱乐部制，另一类是体育联盟制。每种商业模式所创造的产业效益各不相同，各有千秋。

欧洲的体育赛事大多是体育俱乐部制。职业体育俱乐部之间各自为战，财力雄厚的俱乐部花费天价购买球员，扩充俱乐部的实力，提高球队整体能力，以获得更好的赛事名次。名次越好的俱乐部的球迷越多，就越赚钱，从而有更多的资金培养或购买水平高的球员，再取得好的赛事名次，形成良性循环。但是，财力较弱的俱乐部由于没有经费购买赛事水平高的球员，关注度低，获得的收入越来越少。欧洲的俱乐部体制造成了欧洲各国的体育俱乐部经常是一家或几家独大，财力弱的俱乐部面临着生存危机。但由于欧洲的国家众多，各国最强大的几个俱乐部在整个欧洲范围内的比赛也足以为观众提供精彩的赛事。因而，欧洲各自为政的体育俱乐部体制有其成长的土壤，这与欧洲各国的国土面积、人口数都比较低是分不开的。在欧洲，一些国家的领土面积和人口就相当于我国的一个省或美国的一个州，有的甚至更小，因而很容易出现在一个国家一个俱乐部独大的现象。

北美的体育赛事实施体育联盟制。特别是在美国，在19世纪引入了欧洲体育俱乐部体制，但是一些俱乐部经营者发现欧洲的体育俱乐部体制并不适合美国，因而，在19世纪70年代，美国创造了体育联盟的经营体制，各个俱乐部要服从体育联盟的统一管理。经过一个世纪的不断变革，体育联盟制的运营越来越成熟，通过工资帽制度、新秀选拔制度、球员交换制度基本实现了俱乐部之间球员能力的均衡，使得俱乐部之间的实力相当，比赛更有悬念，更加精彩，避免了财力弱的俱乐部因为购买不到高水平的球员而生存不下去的尴尬，使得美国的体育竞赛表演业能够做大做强，反而比欧洲的体育竞赛业的盈利更加可观。2018—2019赛季，美国国家橄榄球联盟收入达150亿美元，而英超、德甲、西甲、意甲、法甲五个联赛的收入总和也只有约170亿欧元。这说明对于国土面积超大的国家，采用体育联盟的赛事体制是比较恰当的。

中国的经济体制和政治体制与欧洲和北美都不相同，因而应根据我国的地域特征、经济特征、政治特征、文化特征创造适合我国的体育赛事运营的商业模式，以提高产业效益。

五、业态创新促进产业结构优化协调

业态创新是指在产业发展过程中，高技术的发展和社会分工的精细化造就了新的行业形态，以满足不同用户的需求，同时可以促进产业结构优化和协调。新业态有两种产生方式：一种是精细化的专业分工导致产业链发生裂变，从中分离出专业的研发公司、生产公司、销售公司、售后公司，从而形成新的产业形态；另一种是传统产业与高技术产业相结合而形成新的业态，如网络与赛事相结合形成网络直播赛事，满足网民观看赛事的需求。

体育竞赛表演业的产业链可以分解为运动员训练和赛事研发设计、赛事组织、赛事推广、赛事衍生品销售、球迷维护、运动员转会等环节，在现代社会中，每个环节都可以转变成一个专业的公司，从而形成新的业态。在中国，体育竞赛表演产业飞速发展，从而涌现出众多的专业化程度非常高的赛事设计与研发、赛事组织、赛事推广公司，以根据市场需求开发出观众和体育爱好者喜欢的赛事，使得体育赛事的供给侧和需求侧达到平衡，实现产业优化协调，扩大体育竞赛表演业的产业规模和市场规模。

中国体育产业必须摒弃传统的发展模式，融合具有创新性的新兴产业，才能推动体育产业高质量发展[1]。微软公司与西班牙皇家马德里足球俱乐部合作构建了皇马的数字化平台，皇马的球迷在该平台上可以选择自己想看的赛事，与自己喜欢的球星互动。数字化平台帮助皇马在全球范围内吸引了4.5亿球迷，使得皇马的数字化收入在五年内增长了30%。因而，体育竞赛表演业与互联网产业相融合、与旅游业相融合、与教育行业相融合、与融媒体行业相融合都可以发展出新的业态，满足不同消费群体的消费需求，从而扩大产业规模和提高效益。

---

[1] 孙文树.体育强国：城市体育高质量发展的理论与实践——"落实十九届五中全会体育强国精神建言献策双向交流会"学术综述[J].体育与科学，2021，42（1）：6-11.

第三节　体育竞赛表演产业高质量发展的创新策略

创新是体育竞赛表演产业高质量发展的核心驱动力，从产品、技术、商业模式、业态创新等要素着手采取相应的创新策略，能够提高竞赛表演服务和产品的质量，提高体育竞赛表演产业的效益，扩大体育竞赛表演产业的产业规模和市场规模，优化体育产业结构。

一、产品创新策略

1. 增加新的比赛项目

根据体育消费者需求，增加新的体育比赛项目。奥运会是国际大型综合类赛事，为了让奥运赛事更引人注目，奥委会经常改变赛事种类，削减不受关注的赛事，增加能引起全世界更多人关注的赛事，以便在短短的十几天内为全世界奉献赛事盛宴。2016年里约奥运会上增设了橄榄球项目，并将橄榄球改成七人制，增加了女子橄榄球项目。七人制橄榄球与十五人制橄榄球比赛的球场大小相同，只是加快了比赛节奏，呈现更多的跑动、铲球和达阵。现在，橄榄球项目正逐步获得全世界的关注。

2. 改革传统项目

奥委会和国际体育联合会经常改革一些传统项目，改变赛制，以使赛事更激烈，参与的人更多。在乒乓球项目上，从2008年北京奥运会开始，取消男双、女双项目，增设男团、女团项目，在2020年东京奥运会上又增加混双项目。此外，国际乒联还改变了乒乓球团体赛的赛制，提出了新的比赛方案。这些项目和赛制的改变都增加了乒乓球项目的观赏性，让更多国家的运动员参与国际赛事，也让更多国家的观众关注乒乓球赛事。

3. 增加新兴项目

将社会上比较流行的体育项目改造成赛事，适应各体育消费细分市场的需求。2016年8月，国际奥委会在巴西里约热内卢举行第129届全会，执委会一致投票通过在2020年东京奥运会项目增加棒垒球、冲浪、滑板、攀岩、空手道五个项目。奥委会在公报中说，这个决定是现代奥运史上"一次最全面的革新"。2024年巴黎奥运会保留了冲浪、滑板、攀岩等项目，又新增了霹雳舞项目，这些项目都是年轻人喜欢的项目。增加这些项目的目的就是顺应体育运动城市化潮流，吸引更多年轻人参与体育运动。

4. 增加新的仪式

在2020年东京奥运会上，组委会增加了百米赛跑运动员的聚光焦点秀和百米赛道灯光秀，将百米比赛推向赛事高潮。百米赛跑运动员的聚光焦点秀突出了世界上跑得最快的8名男运动员和8名女运动员，这些运动员被称作"可能突破人类极限的飞人"。百米赛道的灯光秀突出了赛事的紧张气氛，为精彩赛事作铺垫，调动观众的急切情绪、期待之心，让百米赛事成为整个奥运会的焦点，以及最受关注、最值得观看、最激动人心的赛事。

二、技术创新策略

1. 运动员的技术动作创新

运动员的技术动作创新可以增加赛事难度、运动员协调度、项目艺术感，有助于提高赛事的精彩度和关注度。艺术体操运动员的表演伴有背景音乐，她们的得分由艺术表现力和手持器械完成高难度动作的执行力决定。这项运动的独特之处在于结合了音乐的真情诠释和动作冒险与协调。艺术体操竞赛于1984年进入奥运会，1996年亚特兰大奥运会增设团体项目。从那时起，该项目在世界范围内受欢迎的程度日渐高涨。艺术体操团体赛中，队员要相互严密配合，在相互抛起和接住器械的集体动作中，做到动作整齐划一和不掉器械。2020年东京奥运会的艺术体操团体赛中，俄罗斯运动员除了在比赛中能够做到高难度动作的一致性、无失误外，还实现了变装，让比赛更加精彩。不论是艺术体操，还是花样游泳，俄罗斯队都能不断进行动作创新，加大难度，让比赛更精彩。

2. 赛场战术创新

要想在体育赛事上取得好成绩，不但要求运动员的运动技术高超，而且要求教练员的赛场战术组织高明。教练员应根据己方和对方运动员的运动特点和战术特点采用不同的战术，或者创新战术，或者根据战术配置来训练运动员，取得比赛的胜利。新战术在赛场上的应用必将提升赛事的水平和精彩程度，让比赛结果更有悬念，让球迷更加关注赛事。新的足球战术总是遵循相似的发展模式：创新—成功—模仿—变质—正常化—创新。当战术正常化后，就需要有新的战术战胜正常化的战术，这时就进入下一轮的战术创新。越是分工明确、精密无比的战术体系，在正常化后，就越有可能被击溃，越需要创新。

3. 赛事规则创新

赛事规则不断改革，是为了提高赛事的公平性、悬念性、精彩性。姚明上任中国篮协主席之后，改革了CBA季后赛晋级八强的规则，前六名直接进入季后赛，第7~10名的球队争夺剩下的两个名额，这一改变提高了赛事的公平性和悬念性，受到球迷的广泛认可。2020—2021赛季，NBA复赛的规则也模仿了CBA的赛制规则，所有球队都要再打8场常规赛；进入季后赛的方式也有了改变，当第八和第九的球队胜场跨度超过4场，那么第八球队直接进入季后赛，反之，第八和第九要有两场附加赛环节，第八的球队赢一场就算胜利，而第九的球队需要两场全胜才能进入季后赛。此次季后赛名额争夺改变了NBA使用了74年的赛事规则，让比赛更加公平、更加精彩、更具进攻性、更具悬念性、更符合消费者的观赏兴趣。

4. 赛事辅助技术创新

科技与赛事的融合越来越紧密，科技创新让赛事也更具观赏性和公平性。2020年东京奥运会，在观众无法现场观看奥运会的情况下，高科技服务发挥着至关重要的作用，确保了世界各地的体育迷以新的、令人兴奋的方式观看赛事、体验2020年东京奥运会的魅力。其中，由英特尔和阿里巴巴共同开发的人工智能3D运动员追踪技术（简称3DAT技术）非常具有代表性，使得在电视机前的观众具有真实和震撼的观感。利用人工智能和计算机视觉，3D运动员追踪技术在田径短跑项目（如100米、200米、400米和4×100米接力等）比赛期间，给予观众实时的洞察力和叠加可视化的观感，通过一套完整的比赛统计数据详细分析比赛不同阶段的运动员状况，让观众能够了解和预测每名短跑运动员可能达到的最快速度，让裁判公平地裁决比赛结果。

三、商业模式创新策略

1. 根据地域和文化调整盈利模式

受地域和文化的影响，欧洲各国采取了体育俱乐部制商业模式，美国采用了体育联盟制商业模式。目前，中国足球超级联赛采用了体育俱乐部制商业模式，但是因为恒大足球队的巨额投资，垄断了优秀球员，降低了比赛结果的不确定性，加剧了联赛失衡和成本上涨。基于竞争平衡理论，李伟等提出应建立各球队之间的竞争平衡机制，以制衡俱乐部的资金投入，抑制联赛球员薪资[1]。中国的面积较大，一个省的面积和人口就可能相当于一个欧洲国家的面积和人口。中国的大中型城市众多，在职业体育管理体制上是举国体制，因而可以借鉴体育联盟赛事体制，由政府和体育社团组织共同组建体育联盟，职业俱乐部由各大城市实力较强的企业构建，遵循竞争平衡[2]，限制球员最高工资，让各个俱乐部公平地选择新球员，制定公平的球员转会制度，以使中国各个俱乐部之间的实力相当，比赛更加精彩。

2. 根据消费需求调整营销模式

根据时代背景、消费需求实时地调整营销模式，才能获取最大收益。美国超级碗在美国吸引了约1.5亿的观众，30秒的广告费用在2020年达到了550万美元，门票均价也接近1万美元，超级碗获得成功的一个主要因素就是超级碗每年能够根据消费需求调整营销模式。2021年的超级碗是经历过新冠肺炎疫情的一届超级碗，举办超级碗的坦帕湾雷蒙德詹姆斯体育场能容纳65890人，但是超级碗举办方根据疫情防控需要只对公众出售14500张门票，向7500名新冠医护人员赠送门票，这对超级碗的社会责任心起到了很好的宣传效果。剩下的空座位上，举办方放置了纸片人，如果有哪位观众愿意在纸片上印上自己的头像，需支付100美元，通过设置纸片人，举办方也获得了一笔收入。在中场秀表演上，一个环节的伴舞者将面罩作为道具，对新冠肺炎的防控措施起到了宣传作用。在超级碗中插播的广告大都是以疫情中和疫情后人们急需的商品和服

---

[1] 李伟，陆作生，张绍良. 对中国足球职业联赛竞争平衡机制的思考——基于"恒大模式"对联赛竞争平衡的冲击[J].体育学刊，2015，22（1）：23-27.

[2] 赵俊峰. 职业体育赛事转播反垄断规制研究[D]. 合肥：安徽大学，2017.

务为主。

四、业态创新策略

1. 以优势竞技项目为依托创立赛事品牌

足球、篮球、棒球、橄榄球、冰球、网球等赛事在其他国家或地区都已经过历时几十年甚至上百年的演变和发展，在所处地区积淀了深厚的体育文化、赛事文化，形成了祖孙多代的球迷延续和文化传承，从儿童时期就已经形成了对当地球队的拥护和忠诚。建立在深厚和广博的球迷文化基础上，赛事已经成为质量顶级、观众众多的赛事，赛事的转播权收入、赞助收入、门票收入、衍生品收入年年攀升，例如美国四大体育联盟2017年的收入基本上是2006年收入的2倍。

随着全球化和网络技术的发展，世界各地的人们都可以通过互联网观看他们喜欢的赛事，而传统成熟的赛事也通过互联网进行宣传，并和全世界的观众建立联系。因此，我国如果想在国外传统的成熟赛事的项目上再举办类似的赛事，则很难取得成功或超越。只有在国外还未建起成熟赛事的项目上打造自己的赛事品牌，才能获得更多的观众，并取得成功。成功的赛事品牌必须建立在居民广泛参与和关注本国职业运动员的水平上。乒乓球是我国的国球，我国许多居民都参加过乒乓球项目，有广泛的群众基础，而我国的乒乓球职业运动员处于世界顶级水平。在2020年东京奥运会中，其他国家的乒乓球参赛运动员和教练有很多是华裔，这也从侧面说明我国的乒乓球技术水平在全世界是最高的，其他国家的运动员都在学习我国的技术。近十几年来，奥委会为了增强乒乓球项目的观赏性，增加了混双、团体等比赛，这一赛制可以被我国借鉴，并创建世界知名的赛事。

2. 与教育和社区融合创建赛事品牌

在体教融合的政策支持下，依托中小学和大学在各省各大城市培育自己的职业体育代表队，采用团体比赛的形式，在各大城市之间展开常规赛和季后赛。依托政府大力宣传代表本市的职业运动队，让职业运动队深入社区和学校，让居民和学生与运动员经常互动，以了解和拥护代表本社区或学校的球队，培养体育项目的群众基础和观众忠诚度。让体育进入学校，在学校培养职业体育运动员的后备人才，让学生从小就喜欢某个体育项目，掌握一项体育技能，成为当地运动队的忠实拥护者。让体育进入社区，在社区开展业余比赛，社区、学校、职业运动队联合塑造地域性的体育赛事文化，创建当地的知名运动队和赛事品牌，通过赛事运营将体育赛事做大做强。此外，体育赛事与节庆的事件组合是实现当地旅游和经济发展的有效手段[1]。

3. 与新媒体融合推广赛事品牌

新媒体包括视频网站、微博、微信公众号等媒体形式。体育赛事应与新媒体融合，采用网络技术和大数据技术推广赛事品牌。赛事举办方还可以通过微博和微信公众号推广赛事。视频网站则可以通过让观众付费点播的方式随时随地观看赛事和体育节目。视频网站还提供发表评论的功能，让观众在观看赛事的同时可以进行评论，发表自己的见解，增强观众的体验感，促进观众之间的交流，增加观看赛事的兴趣和乐趣。赛事主办方也可以通过评论区了解赛事观众的兴趣点，从而改进赛事、提高赛事质量。视频网站还可利用大数据挖掘中的推荐技术，根据每个观众的喜好推荐相应的体育赛事视频，实现赛事视频的精准推送和精准营销。

---

[1] 王艳，刘金生.我国小城镇体育产业发展方略[M].北京：人民体育出版社，2023.

参考文献

[1] 姚宪国.对我国体育产业发展的探讨[J].时代经贸,2008,6(100):90-91.

[2] 韦华.30年来我国体育产业的发展及其相关理论研究[J].广州体育学院学报,2012,32(5):13-17.

[3] 李晓林.我国体育产业的发展现状与展望[J].西安体育学院学报,1999,16(3):10-12.

[4] 曹可强.论体育产业结构关联效应[J].解放军体育学院学报,2001,20(1):13-16.

[5] 张中江,田祖国.新世纪调整我国体育产业结构的几点看法[J].体育学刊,2000(6):20-22.

[6] 卢嘉鑫,张社平.体育产业发展——理论与政策[M].北京:北京大学出版社,2011.

[7] 苏宁.中国体育产业发展的时间动态与空间格局研究[D].北京:北京体育大学,2013.

[8] 林玲,彭连清.体育产业结构的几个理论问题探讨[J].天津体育学院学报,2004,19(2):39-41.

[9] 林玲,彭连清.体育产业结构的发展演变:理论与实证分析[J].成都体育学院学报,2004,30(4):7-11.

[10] 吴超林,杨晓生.体育产业经济学[M].北京:高等教育出版社,2015.

[11] 赵玉林.产业经济学原理及案例[M].北京:中国人民大学出版社,2016.

[12] 沃尔特·亚当斯.美国产业结构[M].北京:人民出版社,2002.

[13] 刘江南.对美国体育产业调研而引发的思考[J].广州体育学院学报,2001(4):1-5.

[14] 徐艳华.体育产业内部产值结构和结构效益的统计分析[J].中国统计,2017,432(12):34-36.

［15］国民经济综合司. 2017年体育消费发展情况［EB/OL］.［2018-05-23］. https：//www.ndrc.gov.cn/fzggw/jgsj/zhs/sijudt/201805/t20180523_973881.html

［16］Nauright John. Sports around the world history，culture，and practice［M］. Chicago：ABC-CLIO，2012.

［17］Steven Riess. The cyclical history of horse racing：the USA's oldest and（sometimes）most popular spectator sport［J］. International Journal of the History of Sport，2014（31）：29-54.

［18］Couturier Lynn E. Play with us，not against us：the debate about play days in the regulation of women's Sport［J］. International Journal of the History of Sport，2008，25（4）：421-442.

［19］Miller Patrick B. To "bring the race along rapidly"：Sport，student culture，and educational mission at historically black colleges during the interwar years［J］. History of Education Quarterly，1995，35（2）：111-133.

［20］赵立，杨铁黎. 中国体育产业导论［M］. 北京：北京体育大学出版社，2001.

［21］江小涓. 中国体育产业：发展趋势及支柱地位［J］. 管理世界，2018，34（5）：1-9.

［22］杨铁黎. 体育产业概论［M］. 2版. 北京：高等教育出版社，2015.

［23］张林. 体育产业概论［M］. 北京：高等教育出版社，2013.

［24］付政浩. 体育强国70年简史和伍绍祖的体育产业三问［EB/OL］.［2019-10-01］. https://new.qq.com/rain/a/2019100/A05UYROO

［25］朱传耿，王凯，丁永亮，等. 改革开放40年来我国体育政策对发展理念演变的响应及展望［J］. 体育学研究，2018，1（6）：1-11.

［26］任波，戴俊，夏成前，等. 中国体育产业结构的内涵解析与供给侧优化［J］. 北京体育大学学报，2018，41（4）：16-23.

［27］前瞻产业研究院. 中国体育赛事行业全景图谱［EB/OL］.［2021-03-17］. https://baijiahao.baidu.com/s?id=1694442759954427655&wfr=spider&for=pc

［28］德勤. 2020年全球电子竞技收入将达15亿美元 大型竞技联赛成宠儿［EB/OL］.［2018-09-28］. https://baijiahao.baidu.com/s?id=1612823027401372066&wfr=spider&for=pc

［29］申晓峰.基于情境体验要素的游戏交互设计与研究——以策略类手机游戏为例［D］.广州：华南理工大学，2019.

［30］杨直.规则正在改变［J］.电子竞技，2017，263（21）：68-69.

［31］谢莲.赢了世界杯冠军收入却比不过男足？美国女足不干了［EB/OL］.［2019-07-11］.https://baijiahao.baidu.com/s?id=16387563810699612 10&wfr=spider&for=pc

［32］梁斌，夏忠梁，陈洪.欧盟体育卫星账户的理论框架、指标体系与实践应用［J］.上海体育学院学报，2017，41（6）：4-9，41.

［33］前瞻产业研究院.2019年中国体育产业市场现状及发展趋势分析跨界融合、精耕细作、数字化转型发展［EB/OL］.［2019-12-25］.https://bg.qianzhan.com/report/detail/3001191225-d492f66f.html

［34］张梅.基于哈佛分析框架下的李宁体育用品有限公司2016—2018年度财务报表分析［J］.现代商贸工业，2020，41（9）：113-114.

［35］冯华彬.国有大型体育场馆运营管理的问题及对策研究——以国奥体育馆运营管理为例［D］.北京：对外经济贸易大学，2019.

［36］杨磊.2019马拉松传播报告发布，5G、消费升级成为发展趋势［EB/OL］.［2020-04-07］.https://baijiahao.baidu.com/s?id=1663386465371644979&wfr=spider&for=pc

［37］特色小镇产业建议联盟体育小镇，开启体育产业2.0蓝海市场［J］.中国房地产，2017，592（35）：56-60.

［38］韩梅.精准扶贫视域下运动休闲特色小镇的发展策略研究［D］.济南：山东体育学院，2019.

［39］王艳，刘金生.我国小城镇体育产业发展方略［M］.北京：人民体育出版社，2023.

［40］徐惠喜.经营赛事一举数得［N］.经济日报，2016-06-30.

［41］刘昊.浅谈体育赛事的经济效益［J］.现代营销（学苑版），2013，97（1）：30-31.

［42］董杰.奥运会对举办城市经济的影响［D］.北京：北京体育大学，2009.

［43］李立峰，胡杰.浅议我国体育经济与城市化进程的关系［J］.企业经济，2006（5）：114-116.

［44］吴颖，刘志迎，丰志培.产业融合问题的理论研究动态［J］.产业经济研究，2004（4）：64-70.

［45］朱宏哲.浅谈体育赛事的经济效益［J］.现代营销（经营版），2019，

319（7）：42.

［46］刘彦. 大型体育赛事对城市经济和社会发展的推动作用［J］. 南京体育学院学报（社会科学版），2008，22（3）：49-52.

［47］宋兆峰，罗建英. 大型体育赛事对城市文化的影响机制［J］. 杭州师范大学学报（自然科学版），2011，10（6）：567-572.

［48］赵欣. 大型体育赛事的举办对城市的影响研究——以第十一届全运会为例［D］. 武汉：华中科技大学，2011.

［49］路明. 大型体育赛事对城市交通基础设施规划的影响［J］. 综合运输，2016，38（3）：89-93.

［50］Baade R A, Matheson V A. Going for the Gold：The economics of the olympics［J］. The Journal of Economic Perspectives，2016，30（2）：201-218.

［51］Zimbalist A. Circus maximus：the economic gamble behind hosting the Olympics and the World Cup［M］. Washington：Brookings Institution Press，2016.

［52］Atkinson G, Mourato S, Szymanski S, et al. Are we willing to pay enough to back the bid?：valuing the intangible impacts of London's bid to host the 2012 Summer Olympic Games［J］. Urban Studies，2008，45（2）：419-444.

［53］Baade R A. Professional sports as catalysts for metropolitan economic development［J］. Journal of Urban Affairs，1996，18（1）：1-17.

［54］Barney R K, Wenn S R, Martyn S G. Selling the five rings. The International Olympic Committee and the Rise of Olympic Commercialism［M］. Salt Lake City：University of Utah Press，2004.

［55］Baumann R, Ciavarra T, Englehardt B, et al. Sports franchises, events, and city livability：an examination of spectator sports and crime rates［J］. The Economic and Labour Relations Review，2012，23（2）：83-97.

［56］Berman G, Brooks R, Davidson S. The Sydney Olympic Games announcement and Australian stock market reaction［J］. Applied Economics Letters，2000，7（12）：781-784.

［57］Coates D, Humphreys B R. Do economists reach a conclusion on subsidies for sports franchises, stadiums, and mega-events［J］. Econ Journal Watch，2008，5（3）：294-315.

［58］Dwyer L, Forsyth P, Spurr R. Evaluating tourism's economic effects: new and old approaches［J］. Tourism management, 2004, 25（3）: 307-317.

［59］Floros C. The impact of the Athens Olympic Games on the Athens stock exchange［J］. Journal of Economic Studies, 2010, 37（6）: 647-657.

［60］Giesecke J A, Madden J R. Modelling the economic impacts of the Sydney Olympics in retrospect - Game over for the bonanza story［J］. Economic Papers, 2011, 30（2）: 218-232.

［61］Giesecke J A, Madden J R. Evidence-based regional economic policy analysis: the role of CGE modelling［J］. Cambridge Journal of Regions, Economy and Society, 2013, 6（2）: 285-301.

［62］Kavetsos G, Szymanski S. National well-being and international sports events［J］. Journal of Economic Psychology, 2010, 31（2）: 158-171.

［63］Maennig W, Richter F. Exports and Olympic Games is there a signal effect［J］. Journal of Sports Economics, 2012, 13（6）: 635-641.

［64］Mirman M, Sharma R. Stock market reaction to Olympic Games announcement［J］. Applied Economics Letters, 2010, 17（5）: 463-466.

［65］Porter P K, Fletcher D. The economic impact of the Olympic Games: exante predictions and ex poste reality［J］. Journal of Sport Management, 2008, 22（4）: 470-486.

［66］Rose A K, Spiegel M M. The olympic effect［J］. The Economic Journal, 2011, 121（553）: 652-677.

［67］蒋荣兵. 技术类无形资产评估方法研究［D］. 北京: 对外经济贸易大学, 2003.

［68］赫金鸣. 体育无形资产开发战略研究［J］. 吉林体育学院学报, 2010, 26（3）: 5-7.

［69］王晓玲, 高清伟. 论体育无形资产的特点及其开发保护策略［J］. 北京体育大学学报, 2005, 28（8）: 1029-1030.

［70］葛苑芃, 赵珊珊. 德国体育无形资产开发的相关法律法规研究［J］. 知识经济, 2013, 275（5）: 123.

［71］王虹. 依法治国视域下体育无形资产的保护策略［J］. 大连海事大学学报（社会科学版）, 2017, 16（3）: 42-46.

［72］孙达. NBA竞赛场馆无形资产开发研究［D］. 北京: 北京体育大学, 2011.

[73] 王凯.商业性体育赛事承办权交易价格形成机制研究[D].上海：上海体育学院，2015.

[74] 李法伟，刘尚俊.我国体育无形资产研究综述[J].体育科学进展，2017，5（1）：17-21.

[75] 李忠.体育无形资产的经济学分析[J].中国体育科技，2004（1）：11-12，46.

[76] 鲍明晓.关于体育无形资产的几个理论问题[J].北京体育大学学报，1998，12（4）：6-9.

[77] 王敏敏.体育无形资产若干问题初探[J].解放军体育学院学报，1997，9（3）：15-20.

[78] 钟秉枢.对中国奥委会无形资产基本问题的研究[J].北京体育大学学报，2001，9（3）：289-291.

[79] 蔡吉祥.无形资产学[M].深圳：海天出版社，1999：136.

[80] 连桂红.体育无形资产的基本特征及经营之道[J].山东体育学院学报，1999（2）：15-18.

[81] 张扬.论我国体育无形资产的开发及其保护[J].西安体育学院学报，2003，7（3）：18-20.

[82] 刘夫力.竞技体育无形资产基本理论的探讨[J].广州体育学院学报，2000，9（3）：48-51.

[83] 张卫东.论我国体育无形资产的开发[J].解放军体育学院学报，2000，11（19）：54-56.

[84] 陈德林，陈鹤年.全国大学生运动会无形资产的开发[J].怀化师专学报，2000，4（2）：69-71.

[85] 于善旭.体育标志与体育标志权初探[J].天津体育学院学报，2001，9（3）：28-32.

[86] 王敏敏.体育无形资产评估基本程序及主要类别[J].解放军体育学院学报，2000，3（1）：16-20.

[87] 李军.体育无形资产评估体系研究[J].西安体育学院学报，2004，7（4）：1-5.

[88] 杨倩.竞技体育俱乐部无形资产会计处理研究[J].体育科研，2003（6）：30-31.

[89] 雷选沛，杨明.论体育无形资产的评估与运营[J].财会通讯，2004（14）：19-22，70.

［90］周武，范民运，曹芳平. 我国职业篮球俱乐部无形资产评估指标体系研究［J］. 北京体育大学学报，2004（9）：1184-1186.

［91］牛淑敏. 我国运动员无形资产保护研究——运动员人格标识商业利用的法律研究［J］. 中国体育科技，2003（4）：4-6.

［92］王晓玲，高清伟. 论体育无形资产的特点及其开发保护策略［J］. 北京体育大学学报，2005（8）：1029-1030，1044.

［93］彭晓，于静，高捷. 中国奥委会无形资产市场开发的初步研究［J］. 体育文化导刊，2002（4）：24-25.

［94］于静，钟秉枢，邱招义. 对中国奥委会无形资产法律保护的初步研究［J］. 体育文化导刊，2003（5）：14-16.

［95］邱招义，董进霞，于静. 对中国奥委会无形资产市场开发中营销环境的初步研究［J］. 体育文化导刊，2003（10）：13-15.

［96］董进霞，邱招义，于静. 国际奥委会无形资产营销中定价及其对中国奥委会的借鉴［J］. 北京体育大学学报，2004（7）：869-871.

［97］金雪涛，于晗. 英国体育赛事转播权营销分析［J］. 体育文化导刊，2011（9）：88-92.

［98］苑晓平. 我国体育赛事赞助营销的动因分析与风险规避［J］. 山东财政学院学报，2014（3）：79-82.

［99］肖锋，王娟. 我国体育赛事赞助方式及影响因素研究［J］. 体育文化导刊，2018（4）：79-83，103.

［100］李轶君，姚颂平. 体育赛事赞助营销资源销售组合方式研究［J］. 南京体育学院学报（社会科学版），2012，26（4）：19-23.

［101］刘朋. 论体育赛事转播权的法律性质及其保护［D］. 苏州：苏州大学，2017.

［102］于晗，金雪涛. 基于产权理论的体育赛事转播权开发研究［J］. 生产力研究，2013（6）：74-77.

［103］雷晶晶，金雪涛. 体育赛事转播权发展与营销的产权模式［J］. 哈尔滨体育学院学报，2010，28（1）：23-27.

［104］王朋. 奥运会转播权营销创新对2010广州亚运会的启示［J］. 广州大学学报（社会科学版），2008（10）：48-53.

［105］王明立，魏承中，张亚辉. 体育比赛电视转播权及其市场的开发［J］. 体育学刊，2004（4）：23-26.

［106］杨欣. 大型体育赛事特许经营策略研究［D］. 北京：首都体育学院，

2007.

[107] 朱小龙. 我国体育彩票业政府规制改革思路 [J]. 武汉体育学院学报, 2012, 46 (12): 34-38.

[108] 孔庆波. 我国竞猜型体育彩票发行改进研究 [J]. 体育文化导刊, 2012 (11): 88-91.

[109] 柳伯力. 体育市场概述 [M]. 成都: 电子科技大学出版社, 2011.

[110] 朱大刚. 对体育竞猜专业建设的几点思考 [J]. 科教导刊 (上旬刊), 2013 (1): 49-50.

[111] 陈丛刊. 中美体育彩票业发展特点比较 [J]. 体育文化导刊, 2011 (12): 92-95.

[112] 崔振南. 我国彩票管理与博彩探索研究 [D]. 天津: 天津大学, 2003.

[113] 林国建. 我国体彩文化的现状与发展 [J]. 未来与发展, 2006 (7): 29-31.

[114] 张丽, 郭青鹏, 梁艳, 等. 我国公共体育服务体系建设中体育彩票公益金的多元功能研究 [J]. 当代体育科技, 2015, 5 (34): 157-158.

[115] 李辰. 体育彩票的娱乐性与产业性研究——以超级大乐透游戏为例 [D]. 北京: 北京体育大学, 2017.

[116] 李海. 社会责任视域下体育彩票业利益相关者分析 [J]. 体育科研, 2015, 36 (1): 12-19.

[117] 张丽, 郭青鹏, 梁艳, 等. 我国公共体育服务体系建设中体育彩票公益金的多元功能研究 [J]. 当代体育科技, 2015, 5 (34): 157-158.

[118] 张瑞林. 体育彩票的经济学特征及管理策略 [J]. 体育学刊, 2012, 19 (6): 70-73.

[119] 韩旭升. 体育彩票作用分析 [J]. 体育文化导刊, 2012 (6): 93-96.

[120] 朱小龙. 体育彩票与城市发展的互动研究——基于体育彩票政治功能的分析 [D]. 苏州: 苏州大学, 2013.

[121] 彭珊. 我国体育融资市场信用制度建设的研究 [D]. 长沙: 湖南大学, 2010.

[122] 齐星. 国内体育彩票业历程回顾及趋势展望 [J]. 当代体育科技, 2014, 4 (26): 160, 162.

[123] 郑诗畅, 刘宁宁, 杨腕舒, 等. 网络彩票销售制约下的体育彩票营销研究——以上海市彩民为例 [J]. 哈尔滨体育学院学报, 2016, 34 (6): 50-56.

［124］何建东，骆秉全. 我国体育彩票管理研究［J］. 体育文化导刊，2011（1）：13-16.

［125］马福云. 中国彩票业的发展及其政府规制［J］. 北京科技大学学报（社会科学版），2014，30（5）：98-102.

［126］王庆庆，田祖国. 我国体育彩票销售量与经济增长关系的实证研究［J］. 哈尔滨体育学院学报，2015，33（6）：63-66，71.

［127］程蓉. 发达国家博彩业社会责任现状及对我国体育彩票发展的启示［D］. 上海：上海体育学院，2016.

［128］崔保国，徐立军，丁迈. 中国传媒产业发展报告（2020）［M］. 北京：社会科学文献出版社，2020.

［129］朱凯迪. 实然与应然：竞赛表演与体育传媒共生关系研究［J］. 成都体育学院学报，2020，46（6）：67-73.

［130］祁晓杰. 中国体育传媒的发展与演变［J］. 中国民族博览，2017，141（9）：238-239.

［131］六十年辉煌体育特稿：中国体育传媒的飞速跃进［EB/OL］.［2009-09-04］. htpps://www.gov.cn/wszb/zhibo350/content_1426589.htm

［132］王春萌. 互联网时代自媒体乱象的治理［J］. 山东干部函授大学学报（理论学习），2020（5）：13-15.